UTOP Reading Theories
禹田·阅读理论经典书系

The Reading Environment

打造儿童
阅读环境

〔英〕艾登·钱伯斯 著
许慧贞 译

北京联合出版公司
Beijing United Publishing Co.,Ltd.

中文版序

做个"有协助能力的大人"

王志庚

在全民阅读的社会大背景下,儿童阅读已成为最受出版界、教育界、图书馆界共同关注的大事,针对广大少年儿童的阅读推广已渐成社会潮流。近年来,我国出现了一大批推动儿童阅读的社会力量,其中既有民间绘本馆、私立图书馆等社会阅读空间,也有一批专事推广儿童阅读的社会人士。尽管这些社会机构和人士的推动作用明显,但在儿童阅读促进方面,我认为有三个人的作用是最重要的:妈妈,老师,还有一个就是图书馆员。

妈妈的作用最重要。幼儿时期是一个人早期读写能力发展的关键时期,儿童在三岁前就开始发展语言和识字能力。研究表明,儿童接触图书的时间早晚直接影响他们在学校的阅读和学习表现。近年来,家长越来越认识到提高儿童早期读写能力的重要性。为满足这一社会需求,童书出版界出版了越来越多适合低幼儿童阅读的图画书。一个自己喜欢阅读的妈妈,一个了解童书出版的妈妈,一个了解儿童心智发展的妈妈,是培养早期儿童阅读习惯和能力的最重要的大人。亲子共读是家庭阅读的最重要形式,图画书是最适合开展亲子共读的儿童读物形式。妈妈们要营造好家庭的书香环境,除了购买或借阅大量图画书给孩子,还要尽可能地添置儿童专属的书架,让家中的图画书随手可得,更要每天安排固定时间和孩子共读图画书,互相分享阅读体验,开展阅读拓展游戏,参与社会上的阅读活动,最好爸爸也要积极参与亲子共读。作为"有协助能力"的父母,自己要经常在孩子面前读书,家长在阅读方面的言传身教是对孩子无形的影响。

老师的作用也很重要。在儿童的阅读和学习方面,教师的影响力大于父母。阅读不是教学的目的,而是教学的基础和工具。阅读不仅仅是语文老师的事情,更是所有任课老师的事情。学校的阅读教育,不仅仅是教会儿童学习识读文字,更是让他们学习图画阅读、声音阅读和视频阅读。课堂的阅读教学,不仅仅是教会他们理解文本,更是让儿童获得文学审美和愉悦,让他们从阅读出发走向思考、表达和分享。教师的阅读指导,不仅仅是为提高儿童的阅读和理解能力,更是传递给他们阅读的方法、策略和批判思维。一个"有协助能力"的老师,是一个书香校园环境的营造者,一个主题书目和阅读计划的制定者,一个班级读书会的策划者和组织者,一个文学文本的领读者和提问者,一个阅读习作的欣赏者和品鉴者,一次阅读分享的发言激励者和思维激发者。

图书馆员的作用不容忽视。无论是公共图书馆的馆员,还是学校图书馆的馆员,在家庭和课堂之外,儿童图书馆员是打造儿童阅读环境的最主要力量。我从事公共图书馆文献管理和读者服务工作多年,尤其在近5年的儿童图书馆管理与服务工作中,走访了很多图书馆,结识了很多国内外儿童图书馆员,在研究并积极推广儿童阅读的过程中,我逐渐形成了一些自己关于儿童阅读的理解和儿童图书馆的服务理念。我认为,图书馆员打造儿童阅读环境的目的就是要连接每一个儿童和图书,让不喜欢阅读的孩子喜欢上阅读,让喜欢阅读的孩子读更多的书,让不会阅读的孩子学会阅读,让阅读有困难的人跨越阅读的障碍,让儿童喜欢上图书馆和图书馆员。关于图书馆员如何营造儿童阅读环境,如何参与儿童阅读推广,我想多说一些话。我觉得,图书馆的馆藏建设和硬件装备等固然重要,但图书馆员的业务能力建设是更为关键的要素,按照钱伯斯提出的观点,图书馆员应该成为那个最专业的"有协助能力的大人"。图书馆员如何才能成为这样的大人呢,我觉得一个图书馆员至少要做到如下三点,即:蹲下来,多读书,讲故事。

"蹲下来",就是要求图书馆员要放低身心,尊重儿童的权利,坚持正确的儿童观,悉心观察儿童的行为、倾听他们的心声,这样才能发现儿童的真正需求,从而提供相应的阅读服务。图书馆员要心有儿童,从儿童视角出发去体验阅读,用尊重、平等和包容的态度去处理日常工作中的每一个服务细节,用儿童们听得懂的语言去解答他们阅读中的疑问。只有"蹲下来"的图书馆员才能做到为孩子说话,说孩子的话,听孩子的话,进而让孩子说话。

"多读书",就是说,图书馆员首先要做一名读者,这要求图书馆员要熟悉儿童出版，多读书，常读书，善读书。图书馆员要多读儿童文学读物，体验不同的读物类型和形式，要具备一定的儿童读物审读与评判水平，这样才能为儿童读者推荐读物，开展针对性和个性化的阅读服务。当然除了阅读文本，儿童图书馆员还要阅读理论书，包括儿童文学理论、儿童心理学、儿童教育学和阅读学等理论著述。艾登·钱伯斯的《打造儿童阅读环境》和《说来听听：儿童、阅读与讨论》应该是图书馆员的必读书目。多读书是图书馆员和儿童读者开展对话，建立长期关联和分享体验的最有效途径和做法。

"讲故事"，就是说，图书馆员给儿童读者讲述书中的故事，这是儿童图书馆员的基本功，它要求的是"讲"，不是对书中内容的照本宣科，而是用适合儿童的语言和适合故事文本的方式进行讲述，还要关注儿童读者在听讲时的状态，吸引他们的注意力，调动他们的感官，通过互动让他们听得入耳、入脑、入心。"讲故事"是图书馆员最典型和最有效的阅读推广方式，更是培养图书馆忠实读者的有效途径。

艾登·钱伯斯是英国著名的儿童文学作家，也是一位资深的阅读研究和推广人，他的阅读理论和实践经验对我国的年轻家长、教师和广大图书馆员的理论学习和业务实践具有很强的指导和借鉴意义，希望所有的老师、家长和图书馆员都能够认真学习并践行他的理论和做法，愿我国教育界、图书馆界、阅读推广界涌现出一批又一批"有协助能力的大人"。

译者序

关于阅读,永远也不会嫌迟!

许慧贞

长久以来,我始终笃信"阅读"是一件如此美好的事情:纵使人生苦短,在现实的生活中,我们或许仅能活在当下,回不了过去、到不了未来,局限于有限的时空之中,但透过阅读,我们却可以自在地穿梭古今,遨游于任何我们想停留的所在。是的,阅读给了我们一个无限可能的多彩世界!我喜欢阅读,也从阅读中获得好大的心灵满足。年少轻狂,我曾经梦想当一名儿童图书馆员,心里打着如意算盘:可以冠冕堂皇地看故事书,还可以顺便赚钱,真好!只可惜在先后做倒了两家私人儿童图书馆之后,这个梦想算是宣告破灭了。

虽然当不成儿童图书馆员,但是好幸运——我后来成了一位小学老师,在我想来,这离我的志愿也不算太远。其实我可以说是班上孩子的专属图书馆员!在班上,我可以为我的学生们策划一系列的阅读活动,和他们分享阅读的种种,看着他们从阅读中一点一滴地成长,其中的成就感当真是难以言喻。也因此,在我翻译这本书,见到以下这一段话时,觉得真是知音:

"如果阅读不曾影响我们的生活、不曾改变我们些什么、不曾影响我们的处世态度,那么它很快就会成为一项过时的娱乐，我们也无须在这儿小题大做地阐述它的价值了。然而，阅读正如我一直以来所笃信的，确确实实是以各种方式，深刻地影响了人们的生活。因此我们的脑子里曾放进哪些书、记得什么样的书，就有相当重大的关系。"

是的，阅读确实深刻地影响了我们的生活，一个愿意阅读的孩子，他必然是丰富的。我们都期望自己的孩子是喜欢阅读的，因此，会给孩子买上整屋子的书，接着，就是被动地等着孩子们"自动自发"地去阅读，如果孩子们没有这么做，我们就会很失望地宣称："我的孩子不喜欢阅读！"其实，我们忽略了一件很重要的事：阅读其实也是需要引导的！正如这本书中所强调的：

"如果我们的小读者，能够有一位值得信任的大人为他提供各种协助，分享他的阅读经验，那么他将可以轻易排除各种横亘眼前的阅读障碍。一个从不阅读，或者缺乏阅读经验的大人，是难以为孩子提供协助的，这也就是为什么我强调阅读循环的中心点是'有协助能力的大人'"。

如果你能认同以上所言，那么就该让我们一起来好好为孩子打造一个阅读环境，让他们自在地遨游于阅读世界吧！这本书为我们提供了许多营造、规划儿童阅读环境的想法，而这一切正是刚起步的我们所最需要的信息。我相信，关于阅读的一切，是永远也不嫌迟的！只要放手去做，相信我们的孩子一定会爱上阅读的！

目 录

前　言　I

第一章　阅读循环　1
选　书 ……… 3
阅　读 ……… 6
回　应 ……… 10
有协助能力的大人 ……… 13

第二章　心境和情境　15

第三章　藏　书　19
中心馆藏 ……… 21
班级藏书 ……… 24
图书馆员 ……… 25
谁来买书 ……… 26
购书经费 ……… 29

第四章　陈列方式　31
地点的选择 ……… 33
吸引力 ……… 34
第一眼印象 ……… 34

维　护 ……… 35
展示的书要能让读者借到 ……… 35
装置与设备 ……… 37
主　题 ……… 38
展览会 ……… 40

第五章 阅读区　43
个案研究 ……… 48

第六章 浏　览　53
该在什么时候提供多少时间浏览？……… 57

第七章 阅读时间　59
应该多久让孩子自己选一次书？……… 63
可以花多少时间在阅读自己喜欢的书上？……… 63
USSR ……… 65

第八章 掌握阅读状况　71
实践中几项值得注意的重点 ……… 76

第九章 讲故事 79
从你自己开始讲故事 ……… 84
建立你自己的故事资料库 ……… 87
慎重选书 ……… 89
不是所有的故事都适合每一位听众 ……… 90
准　备 ……… 92

第十章 读故事 95
学习如何阅读故事 ……… 99
发现文字的戏剧效果 ……… 101
挑战困难 ……… 104
刺激选择 ……… 105
共同分享 ……… 108
讲故事和读故事的不同点 ……… 109
实践分享 ……… 111

第十一章 图书的经营 115
在学校卖书 ……… 117
图书俱乐部 ……… 118
学校书店和图书摊位 ……… 119

图书展览会 ………… 124

第十二章 邀请名家 133
选择邀请对象 ………… 135
联系工作 ………… 136
活动当天 ………… 138
妥善规划整个访问活动 ………… 139

第十三章 朋友与同学 143
"你读过这本书吗"活动 ………… 145
图书涂鸦板 ………… 148
杂　志 ………… 150
选书讨论 ………… 151
陈列方式 ………… 152
阅读俱乐部 ………… 152
学生社团 ………… 153

第十四章 协助选书 155
不经意的对话 ………… 156
试试这些书 ………… 157
书　目 ………… 159

融合比较 ……… 160
提高期望 ……… 161

第十五章 回　应 163
献给作者 ……… 165
画画和手工 ……… 166
选　集 ……… 168
以戏剧的方式呈现 ……… 168
制作图书 ……… 169

第十六章 有协助能力的大人 171
读者也是由读者造就的 ……… 172
熟悉自己的阅读经历 ……… 173
保留你的阅读时间 ……… 175
随时掌握信息 ……… 178
相互协助 ……… 180
自我充实 ……… 182

※ **参考书目** ……… 185
※ **编后记** ……… 187
※ **感　谢** ……… 189

前　言

　　阅读总是需要有个场所的。

　　所有的读者应该都明白这样的道理：阅读的场所和我们阅读的乐趣、情绪、专心度有着极大的关系。像在床上阅读，我们的感觉绝对是温馨、舒适而全然放松的，这必定和在以下几种状况中阅读有着截然不同的感受：在天寒地冻的车站里、在艳阳下人满为患的沙滩、在满是读者的图书馆，或者是上午十点窝在自己最喜欢的座椅上。

　　当然，阅读的乐趣绝不仅仅取决于其场所，这和读什么书、当时的心情、什么样的时间，以及有没有被打扰等因素，都有很大的关系，更别提我们的阅读态度（这本书是不是我们喜欢的类型）和阅读的动机（是基于工作需要，或纯粹是私人兴趣）了。

以上所述建构了阅读的社会背景，总是或多或少地影响着人们的阅读，而将这些因素整合在一起，即构成了我所谓的"阅读环境"。这一本小书就是在描述其主要特征，并将这些错综复杂的构成因素逐一分析讨论。

如果，我们期望更有技巧地帮助人们——特别是孩子——成为深爱阅读的读者，当然必得去深入探讨：我们该创造出一个什么样的阅读环境给孩子。这本书正是针对这个问题，提供给大家一些想法。特别是对儿童阅读有兴趣的读者们，像是老师、图书馆员以及家长，不管是正打算着手推广儿童阅读，或是有意突破现行做法，想再创更新的格局者。

我将从所谓的"阅读过程"着手来探讨这个问题，以理清牵涉其中的种种基本因素。我们并不是要去剖析存在于脑子里，阅读专家们所谓的阅读专区，而是希望探讨怎样才能让孩子们自动自发地拿起书本来阅读。

Chapter 1
The Reading Circle

第一章
阅读循环

每次阅读时，我们总是遵循着一定的循环历程。

其间的每一项环节都牵动着另一个结果，而这并不是由 A 到 Z 这样的直线关系，而是一个周而复始的循环，所以开始正是其结果，而结果又是另一个开端。以下，就是这个"阅读循环"的示意图：

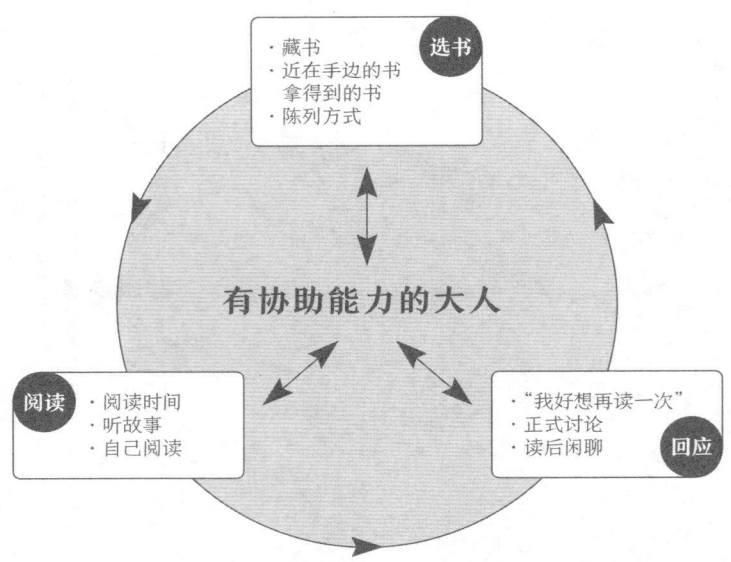

选 书

鼓励阅读的首要任务，就是学习如何选择并建立一批丰富的藏书。

选书是阅读活动的开始，我们每一次的阅读，都是从手边的各种读物中所做的选择，比如图书、杂志、报纸、商业文件、政府出版物、垃圾邮件、广告、度假手册等等。即使只是一条街道，也处处充斥着要我们去阅读的"环境出版品"，像是路标、海报、店家的特卖信息，甚至街角的涂鸦。我们得从这一团混乱的铅字中，去选择我们需要的信息，一旦找到需要或是有兴趣的资料，我们就会很乐意继续深入研读。

我们在选书时会受到很多因素影响，我将在以后的几个章节里探讨与文学有关的因素，在这里，我们首先谈谈手边容易取得的书。如果手边的书本数量不多，那么我们找到有可读性书籍的机会也就相对较少。然而，即使数量充裕，类别却比较单一，比方说都是悬疑类的故事，或都是阿根廷的小说，而这一类的书又刚好是我们不感兴趣的，那么结果还不如数量不多而都是我们所感兴趣的种类。因此，**阅读的第一步是，我们身边要有一批藏书，而这些藏书必须包括我们感兴趣的种类。**有

温州市少年儿童图书馆

了一批有用的藏书之后，我们也得让这些书可以随时拿得到手。

举一个我小时候发生的故事为例：在我9岁的时候，我的教室里大概有50本故事书，而这些书都被锁在一个柜子里，只有在礼拜五下午才会开放几分钟，让我们能选一本回家在周末时阅读。

这看起来似乎只是一件微不足道的小事，但事实上，类似的状况也发生在许多学校里。有些学校确实拥有丰富的藏书和非常吸引人的图书馆，但是老师却不鼓励孩子们去使用这些馆藏，理由是怕弄脏这些书籍，然而如此一来，图书馆就无法发挥它的功能，充其量只不过是个能加深访客印象的展示场所，这些书虽然就近在眼前，却无法轻易取得阅读。有些班级里则是陈列着丰富的图书，但班上的孩子却只有在表现良好时，才可以去阅读这些书。在这个例子里我们发现，书本的取得成为对某些表现优异孩子的奖励，而对其他的孩子而言，却是一个失败的经验，这样的做法实在难以鼓励每个孩子去阅读。

此外，对图书的选择不仅仅取决于我们手边有没有书，如何陈列展示这些书籍也是一个关键点。我们很可能因为一本书的陈列展示状况，而决定是不是拿起来阅读。关于这个问题,我将会在第4章里做更进一步的介绍。在这里,我所要强调的重点是:**一位深爱阅读的读者,应该知道如何着手去选择他所想要阅读的书籍,知道该如何有效地浏览群书,该如何取得他找不到的图书信息;更应该明白如何建立一个适合自己的馆藏,它可能在公共图书馆里,可能在书店里,可能在班级书库里,甚至可能在好友的书架上。**

因此,鼓励阅读的首要任务,就是学习如何选择并建立一批丰富的藏书,并把孩子们视为成熟而可信任的读者,指导他们有效地阅读,随时提供必要的协助。

阅 读

对于刚开始学习阅读的孩子而言,我们能帮助他们的最好方式,就是依循着孩子在阅读循环中的进展,随时肯定他们完成的每一个步骤。

如果我们只是花时间去选择我们想要阅读的书,却未能真正去"阅读"我们费心选择的书,那一切努力仍然是徒劳无功。

在这里，我特别将"阅读"这两个字加上引号，主要是希望强调这一个观念：**阅读可不仅仅是将眼睛扫过文字而已**，从前文所提的"阅读循环"概念中我们知道，整个阅读的过程中包括了许多活动，将书里的文字装进脑袋只不过是其中的一个小环节。阅读可不等于会认书页上的文字，很多人总是以为，只要认识了书本里头的所有文字，就是一次成功的阅读经验了。事实上，这只是完成了从书架上拿起一本书的这个步骤而已。

一个学龄前的小朋友，尽管他还不知道什么是阅读，但是当他看着艾瑞克·希尔（Eric Hill）的《小玻在哪里》（*Where's Spot*）这一本书时，他会开始想学着怎么好好地把书拿在手上，怎么对付这些怎么翻都翻不好的薄薄书页，而这些乐趣可不少于懂得阅读书中字句的人！我们可以说，在整个阅读生涯中，那一刻所获得的成就感，可一点都不输给一位学术评论家终于看懂詹姆斯·乔伊斯（James Joyce）的《尤利西斯》（*Ulysses*）！

对于刚开始学习阅读的孩子而言，我们能帮助他们的最好方式，就是依循着孩子在阅读循环中的进展，随时肯定他们完成的每一个步骤。孩子能去注意书架上的藏书，是一个步骤；能在架上选出一本他想读的书，是另一个步骤；决定手上的书正是他想看的书，或再放回架上去，又是一个步骤；终于，他打算坐下来好好阅读这一本书了，这也是一个步骤。

还有一个关于阅读的重要概念，就是阅读是需要时间的。其实，我们常有机会阅读一些信息，像是常见的招牌，因为习以为常，所以我们没有察觉到我们是在读它。我们总是在做其他事情或与他人闲聊时，同时阅读一些不必经过大脑的东西，比如小报上的八卦报道。但是，阅读图书，尤其是一些文学作品，可完全不是这么回事，那不仅需要时间，更需要专心。

阅读文学作品的乐趣，来自于探索故事中的人物、情节、想象空间以及令人赞叹的遣词造句，因此，给孩子们阅读的书，常常是插画和文字结合，就是希望图文并茂的内容能吸引孩子的注意力，使他们能有耐性花上一些时间阅读，并从中发掘阅读文学作品的乐趣。当他们能体会其中的乐趣之后，就会渐渐知道该花多少时间来阅读，才能获得品味文学的乐趣。玛格丽特·米克[1]（Margaret Meek）曾经写过一本《文学如何引导读者学习》

---

[1] 玛格丽特·米克，伦敦大学教育学院教授，作家。

(*How Texts Teach What Readers Learn*),在这里,我们则谈到了大人们该如何帮助孩子去专心阅读文学作品,才能让这些文学作品在他们身上发挥最大的效能。

在让孩子们建立愉悦的阅读经验,以及拉长他们专注于阅读的时间这个过程中,孩子花在阅读上的时间,以及书本给他们的回馈,有着莫大的关系。因此,给孩子时间阅读,并帮助他们一点一点加长阅读时间,从中品味文学带来的乐趣,是大人的一项重要工作。

除了时间以外,阅读还需要一个能让人专心而不被打扰的场所,如果周围有其他令人分心的活动正在进行,像是电视机开着,就很难让人静下心来阅读。在家里,我们可以提供给自己一个最舒适的阅读环境,不像在学校、游戏场、图书馆或其他公共场所里,总有很多不同的人在做各种不同的事。因此,我们有必要提供一个舒适的阅读环境给孩子,让他们能有固定的阅读时间,并能心无旁骛地阅读,针对这一点,我将在第 7 章里做更深入的探讨。

 回 应

有些讨论能引导孩子做更深入而细致的思考,让孩子有机会审视这本书到底带给了他什么,更进一步使他明白自己的阅读兴趣所在。

人之所以为人,就是无论我们阅读什么,总会产生某种感觉。文学总是从各个层面吸引着人们去阅读它,我们随时可以听到人们谈论对各种文学作品的心得——喜欢、厌烦、刺激、有趣、愉悦等。而这些心得正是最大的乐趣所在。其中,有两种回应对帮助孩子成为一位思考型的读者非常重要。

第一种回应是在读完一本喜欢的书之后,期待能再经历相同的阅读乐趣。这种感觉会驱使我们想重读这本书,或是想去看看同一作者的其他作品,或者是相同主题的更多作品,甚至,就只是单纯地想再阅读其他书籍。如此一来,我们就有动力再去选读其他的书,经历另一个阅读循环。

第二种回应则是在读完一本喜欢的书之后,迫不及待地想和人谈论自己的阅读心得,我们期待其他人,尤其是我们的好朋友,也能够和我们经历相同的喜悦。我们希望能探究出内心深处的感想,并试着整理出这本书

所带给我们的意义。

谈论书籍大概有两种形式,一种是非正式的,属于朋友之间漫无目的的闲谈;另一种则是在教室或研讨会中的正式讨论,是较具思考性的形式。不管是哪一种形式的讨论,都会驱使我们去经历另一个阅读循环:**我们会想去看一看朋友们感兴趣的书,会想去阅读更多我们觉得有趣的书**。这两种形式的谈论还有一个很大的作用,就是能将阅读循环扩展为螺旋状,让阅读不断地持续下去。

在这里,我所要强调的重点其实就是如何帮助孩子成为一位成熟的读者。我们很容易就可以从种种迹象中,检视我们的努力是否有效:孩子是否常常去找书看,是否每天阅读,或者总喜欢谈论他们喜欢的书。但是,我们可以发现其实孩子就只是对阅读这件事有兴趣,觉得这是一个排遣时间的好活动,他们可不喜欢总是被问到:"说说看最近读了什么书呀?"或者被要求:"好好坐下来想想,从这本书你得到了什么收获?"孩子们只是想单纯地享受睡前的床上阅读时光而已。

我必须要声明的一点是,我当然不希望阅读沦为一项催眠或者是消磨时间的活动,尽管孩子们总是如此以为。我所期望的是,阅读能使孩子们学会思考。戴维·克瑞奇[1]（David Krech）曾经说过："文学能赋予我们想象的空间。"刘易斯[2]（C.S.Lewis）也告诉我们："阅读文学时，我们可以化身为千万种不同的人物。"理查德·霍加特[3]（Richard Hoggart）更是极力称扬文学的价值："文学以其独特的方式，引导人们探索、追寻以及重新审视人生的意义，因为，从文学中我们可以经历形形色色、千奇百怪的各种人生。因此，透过文学我们将更能宏观而诚实地洞悉生命中的所有脆弱。"

然而，我们该如何帮助我们的孩子成为这样一位成熟的读者呢？我们该如何使他们将观念由阅读不过是一种打发时间的好活动，提升到能思考文学背后深意的层面呢？

身为资深教师和资深读者，我的经验是：其中的关键，在于和孩子讨论书籍的是什么样的人。**有些讨论能引导孩子做更深入而细致的思考，让孩子有机会审视这本书到底带给了他什么，更进一步使他明白自己的阅读**

---

[1] 戴维·克瑞奇（1909~1977），美国心理学家，曾任伯克利大学心理学教授、哈佛大学客座教授。
[2] 克莱夫·斯坦普尔斯·刘易斯（1898~1963），爱尔兰著名作家和学者，其代表作为《纳尼亚传奇》系列。
[3] 理查德·霍加特，生于1918年，是英国二十世纪重要的文学和文化批评家，英国文化研究的主要创始人之一。他的经典著作《识字的用途》一书被认为开创了研究英国工人阶级文化的新局面。

兴趣所在。

局限而平面的阅读视野，将使我们仅止于阅读一些自己所熟悉的图书门类，我们期望能打破这种局面。阅读的世界不应该是平面的二维空间，而是立体的三维空间，它应该是一个包罗万象的精彩世界，更棒的是，我们可以借由文学，轻易地抽离现实所在的狭隘世界，尽情遨游于宇宙星河之间，并在任何感兴趣的地方停留探索。

倘若能有个大人引导孩子领会这么一个阅读境界，那么他们绝对不会只将阅读视为一种排遣时间的活动，或只是被动地经历一个又一个了无新意的阅读循环。

 有协助能力的大人
一个从不阅读，或者缺乏阅读经验的大人，是难以为孩子提供协助的。

如果我们的小读者，能够有一位值得信任的大人为他提供各种协助，分享他的阅读经验，那么他将可以轻易地排除各种横亘眼前的阅读障碍。**一个从不阅读，或者缺乏阅读经验的大人，是难以为孩子提供协助的**，这也就是为什么我强调阅读循环的中心点是"有协助能力的大人"。当然,小读者之间也是可以彼此学习的,这一个部分,我将在第13章里继续探讨。阅读循环图中的双向箭头,提醒了其实大人也可以从小读者身上学到些什么。尽管如此,孩子们终究还是得仰赖大人一路走来的丰富阅读经验,去学习其中的诸多技巧,品味其中的艺术。

如果你能认同以上所说的一切,而这些想法也与你的阅读经验相符,那么就是时候让我们一起来好好为孩子打造一个阅读环境,让他们自在地遨游于阅读世界了!

Chapter 2
The Set and the Setting
第二章
心境和情境

每一种人类活动,不管是公开还是私人的,独自参与的还是多人合作的,正式还是非正式的,决定参与者愉悦与否的,主要是两个因素,借用心理学的两个名词来说,就是"心境"(the set)与"情境"(the setting)。

所谓心境,我认为可以说是我们对事情的一种比较情绪化、感性的态度,在从事各项活动时,总有许多因素会左右我们对事情的参与态度:预期心理、先前的经验与认知、当下的心情、与其他参与者的互动关系、时间段,甚至当时的天气等等。

而情境指的则是我们所置身的周遭环境与我们所参与的活动是否合宜。

举一个野餐的例子来说,如果其中的参与者,有人是百般不愿,不得不参加这次活动的,那么这一次的野餐气氛肯定很糟糕。但即使是每位参与者都兴致盎然,而不幸的是,野餐地点却发生意外,比如不得不在倾盆大雨中的垃圾场附近举行,那么活动还是难以愉悦圆满。

另一方面,我们当然也可以看到,某些人因为兴趣与嗜好,会在一般人都难以忍受的恶劣环境下仍兴致高昂地投身他所热爱的活动。从以下的这些例子中,我们可以看见他们在困境中仍甘之如饴的身影:冰山上渴

首都图书馆少年儿童图书馆

望征服高山的登山者；独闯天涯、热爱航海的独臂水手；待在河岸边度过一个又一个周末，不畏风雨、不计收获耐心垂钓的忠实钓客。

从以上例子我们似乎可以看到，心境的影响力比情境更为有力。但不论如何，这两者确实都影响了我们对事情的参与态度，他们彼此之间更是交互调整、修正，进一步改变我们的行为。

在这一方面，阅读和人们的其他活动并无不同。**如果我们是充满期待，自发性地想去阅读，那么我们将很容易进入状况并乐在其中；但如果我们是百般不愿地被迫拿起书本，那么阅读将沦为一项无聊透顶的作业**。此外，如果能窝在一处舒适的角落尽情阅读，我们肯定心甘情愿花上一段长长的时间，来享受这段阅读时光；但是如果无法舒适地阅读，老是被各种令人分心的事情打断阅读情绪，那么即使定力再强的读者，也会很快地合上书本，逃之夭夭。因此，很明显的一点是，不管是老师还是学生，他们阅读的心境都将深深地影响阅读的成果。而这个成果，又会因为周遭的情境而有所变化。

因此，认真地思考一个理想的阅读环境所应该具备的每一项特质，对人们阅读心境的影响是相当重要的。

Chapter 3
Book Stocks
第 三 章
藏 书

选书阅读的先决条件,是要有一批近在手边的书,还有,这些书得是可以轻易拿到手的。如此一来,只要我们想阅读,就可以随时进入状况。

如何让孩子们拥有这样的阅读环境呢?

任何人或社区都不敢说自己已经有了足够多的书。但是,可以确定的是,好多人都拥有一批连自己都忘了放在哪里的书,这种情况在学校尤其常见。就以全家只有两个人的我家为例,我总是忘记阁楼上放着一些书,每次不经意晃到那里的时候,我都跟发现新大陆似的。

此外,人们喜欢拥有书。如果书是自己买的,那当然没有问题。但是我们常常看到的情况是,某些社区公用的畅销书,似乎不论怎么轮,也转不到你的手上。即使在学校及图书馆里,你也常常得事先预约,才借得到那些流通率很高的热门书籍。其实,**我们所期待的理想状况,应该是孩子可以随时找到他想看的书,并在他需要的时候,可以顺利地拿到想要的书。**下面,我就根据一些不错的实践经验,提供几个值得一试的做法,协助你达成这个目标。

 **中心馆藏**

> 不管图书室布置得多么温馨怡人，如果位置不对，图书的流通率也必定会大打折扣。

大部分的学校都会将所有的文学作品或者是参考资料，集中存放于学校图书馆或者是资料室，这些书不是任何老师、班级或办公室可以私自拥有的，它们被很有条理地按照书名、作者、主题加以编目整理，让我们能够以自己所熟悉的方式，轻易地利用计算机或目录卡片，检索出需要的资料。

最能判断学校的藏书是否符合需要的顾问人选，莫过于服务于当地公共图书馆的图书馆员了，校方应该主动邀请他们来校视察指导，并请他们就以下三个方面，提供专业的协助：

★以其专业的眼光，看看馆藏内的各类图书，包括绘本、插画故事、民俗传说、小说、诗集、短篇小说、各种参考书以及视听资料等，是否已被均衡地囊括于其中。

★对于即刻需要的书，向公共图书馆的学校服务系统寻求帮助，提供实时的借阅服务，以补充馆藏的不足。特别是尚未决定购买复本的新书，可先以这样的方式来满足学生与教职员的借阅需求。

★图书馆员可以和孩子们讨论图书，甚至为学校带来像作者、插画家这样的访客，这一切都可以鼓励孩子们更加喜爱阅读，帮助他们更清楚自己的阅读方向。

毋庸置疑，图书馆员对学校图书馆藏的建言，是相当值得参考的，因此，学校绝对应该与其保持密切的联系。

放置中心馆藏的场所也相当重要，这是读者能否好好利用图书的关键。如果实在腾不出空间来放置这些书，我们宁可把书架放置在学生随时可以借到书的过道，也不要把它们放在随时有人在上课的教室里。若能有充裕的空间成立图书室，那么图书室一定要安排在出入方便、空间宽敞的地方，不要随便找一个孩子们得长途跋涉才能到达的偏僻角落来当图书室，这对低年级的小朋友尤其重要。**不管图书室布置得多么温馨怡人，如果位置不对，图书的流通率也必定会大打折扣。**

建立学校中心馆藏的目的，可不单是组织一批井然

首都图书馆少年儿童馆英文阅览室

有序的图书，我们当然希望这些书能被孩子们充分利用：编目系统可以协助孩子找到他们想要的书，流通系统可以帮助孩子掌握图书的借阅状况，图书室更应该在学生上学期间随时向孩子们开放。

班级藏书
放置于班级图书区的图书要和中心馆藏一起编目，也要有清楚的借阅纪录。

中心馆藏还有一项主要任务，就是支持班级或各办公室所需的小型图书馆。而这些放置于班级图书区的图书要和中心馆藏一起编目，也要有清楚的借阅纪录。但是一些必须永久存放于班级或各办公室的书，比如字典之类的工具书、教师指定需要班上孩子们一再阅读的文学作品等，就有必要考虑购置复本。而那些因课程所需临时要看的书，就可以暂时放置于班级图书区，等课程结束时再归还中心馆藏。

这样的做法，不但可以使孩子们更有效率地利用学校馆藏，更能为学校省下一笔可观的购书经费。有些图书只是一时需要，所以没有必要购置许多复本，致使每个教室里都有一本同样的书。若能通过中心馆藏的流通系统整合掌握图书的动向，或许只要一个单本就能应付整个学校的需要。如此一来，我们就可以将购置复本的钱拿来买更多不同的书，使学校的中心馆藏更加丰富多元。

图书馆员

图书馆员得具备这样的基本观念：书是给人阅读的，而不是要整整齐齐地端坐架上。

这样一个系统化的藏书体系，当然得有专人管理，因此，每个学校都需要一位组织能力强的图书馆员。这位**图书馆员得具备这样的基本观念：书是给人阅读的，而不是要整整齐齐地端坐架上**。最重要的一点是，不管是老师、家长，还是孩子本人，都应该充分和图书馆员合作，才能使整个工作进展得更顺利。据我的经验，孩子们喜欢阅读与否，与他们所接触的藏书有着密切的关系，不管这些书是在学校图书馆，还是在班级图书区。因此，掌理这一切的图书馆员，就扮演了相当关键的角色。

谁来买书

这个选书的重任绝对不能只落在一个人身上，孩子们应该也有参与其中的权利。

学校图书馆是孩子们选读图书的主要场所之一，而这些图书也得从众多出版社的众多出版物中选择出来，即使出版社本身已经从数不清的稿件中做过一次选择。因此，为学校图书馆选书的人，扮演着相当重要的角色，他必须能掌握所有出版品的相关信息，并且懂得欣赏、品味文学作品，他的决定将左右着学校图书馆的藏书质量。

因为，这个**选书的重任绝对不能只落在一个人身上，孩子们应该也有参与其中的权利**。以下的几个实例，即可提供给各位参考：

★每个班级都可以讨论出一份他们希望学校图书馆增购的书单，并派出一位代表，在由高年级学生代表与教师所组成的选书委员会上,发表他们的讨论结果。再由这个委员会整合各班的意见,并根据校方拨给选书委员会的购书经费,整理出一份购书清单。之后,委员会的成员们必须去实地拜访当地书店,讨论买书事宜。最后,还得为他们所选购的这批图书举办一个全校性的书展,并在书展上公开说明他们选购这些书所遵循的原则。这整个活动是相当具有教育意义的,孩子们得发表许多评判性的言论,以说明他们认为应该把钱花在什么样的书上;他们也从中学习到在一个团体中如何与他人沟通;并且通过实际参与,学习如何运作一个委员会。在这个活动中,孩子们实实在在是为了一个具体的目标,他们经手如假包换的钞票,到真正的书店去买书,这可不是普通的班级活动,更不是扮家家酒。孩子们因此有了在众人面前发表他们的看法,说明他们的抉择的经验,更重要的是,孩子们在阅读这批他们历经各种挑战买回来的书时,也就显得更起劲了。从选书、买书到阅读,不管是老师还是学生，都深刻地体验了整个过程中的民主。拨出经费与时间来举办这样的活动，绝对是相当值得的。

★某些学校的图书馆员，一年中总会安排两次机会，与学校其他办公室的老师，一起拜访当地的公共图书馆，或是学校图书馆的图书供应商。目的即在于掌握最新的出版信息，并带回建议购买的新书书单。有些学校也会安排一些学生代表随行，并请孩子们回来后发表他们的看法。

★由学校图书馆、出版商或者相关单位为孩子们策划书展活动，让教职员、孩子们及家长都能参观，并让他们提出希望在学校图书馆看到的书，校方再根据经费状况来选购。这样的活动，也可以邀请孩子们参加，让他们能有机会实地参与策划、选书讨论和购书。

以上所提的这些孩子们可以参与的选书活动，对一个学校、一个年级或班级，都是适用的。

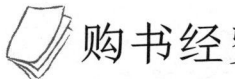 **购书经费**

学校募集书款的态度,是一个检验校方对阅读重视程度的标准。

买书总是需要花钱的,从学校的购书预算上,多少可以看出校方对阅读的重视程度。没有一个学校敢夸口他们有足够的经费买足够的书,因此,每个学校几乎都得寻求各种渠道来扩充他们的馆藏。而**学校募集书款的态度,又是一个检验校方对阅读重视程度的标准**。在我看来,购书经费的募集,可以尝试以下几种渠道:家长教师协会、当地政府的课程发展基金会、地方慈善人士、毕业校友,或是举办特别的募款活动等。

Chapter 4
Displays
第 四 章
陈 列 方 式

图书的陈列方式，影响着图书是否可以受到更多的关注。

陈列完美的图书不仅是图书馆的最佳装饰，更可以激发读者的阅读兴趣，并深深影响他们的阅读心境，因此，图书的陈列方式和阅读环境能否有效地发挥作用，有着相当密切的关系。

此外，图书的陈列方式也是推荐图书的一个重要渠道，尤其对那些你接触不到的孩子而言。一个大人在工作中常常只能照顾几个孩子，尤其是在大学校里，大部分孩子几乎一整天都不会遇上一次。但是，通过图书的陈列方式，我们就能将信息传达给很多很多的小朋友，不管我们有没有机会认识他们。

有些时候，不论我们再怎么努力，就是无法"驯服"某些孩子，他们甚至会故意在你所策划的活动上伺机捣蛋，对于你推荐的书根本不屑一顾。这个时候，书展就可以帮我们一个大忙，因为，不会有人在被展出的图书吸引之前，有那个闲功夫去揣测到底是谁策划的这个书展。

展示架上的图书，本身其实就是它的最佳代言人，当然，效果如何和它的陈列方式、封面是否足够吸引人，都有着绝对的关系。总而言之，一个成功的图书陈列展示绝对可以达到事半功倍的效果。

成功的图书陈列展示取决于两个主要条件：

★选对展示的书。

★精心的设计，能让孩子迫不及待地想一探究竟。

图书的陈列，是靠视觉效果来吸引读者的。以下，我将为各位介绍其他应该注意的问题。

 ## 地点的选择

一个理想的书展地点，应该允许读者好好地站着欣赏。

如果将书展地点选在一个热闹过道的阴暗角落里，大概没有什么人会留心去参观。一个理想的书展地点，应该允许读者好好地站着欣赏，而不会被来往的行人推挤。此外，还得注意灯光是否充足，如果经费允许的话，打上聚光灯，就更能吸引注意力。

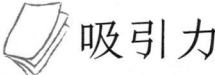 ## 吸引力

展示架上的图书数量也要细心考虑。

我们可以从一些很棒的橱窗设计或美术馆的陈列中，撷取一些灵感来应用在图书的陈列展示上：图书应该怎么陈列、用什么样的材质来设计背景、空间的规划应用、各种不同形状的交替运用，以及该用什么样的标题和字体。绝对不可以随随便便，胡乱凑合了事。展示架上的图书数量也要细心考虑，书零零星星地散置在书架上是很难看的，但若挤上太多书，也会让人眼花缭乱。

 ## 第一眼印象

不管是什么样的展览，都得具备这么一个特质——第一眼就能捉住人们的目光。

不管是什么样的展览，都得具备这么一个特质——第一眼就能捉住人们的目光，吸引他们继续看下去。

不过，不管设计如何精巧，所有的展览都有自然的生命周期，人们一旦对它熟悉，也就将减少关注。比方说在学校里，要判断一个展览是不是该结束了，只要抬

头看看它是否还让你觉得兴味盎然。一旦你觉得它开始变得乏味,也就是该更换展览的时候了。

 维 护

随时注意维护工作。

只要不是陈列在玻璃柜里或者禁止线后的开架式展览,就需要随时注意维护。否则一旦书本被随手胡乱放置,或者装饰品被破坏,就会使得一开始完美无缺的布置一下子变得杂乱无章。

 展示的书要能让读者借到

展示的图书最好有复本。

如果经费允许,展示的图书最好有复本,让读者能借得到或买得到。读者的耐心总是不太持久,一旦看上一本书,他们总会迫不及待地想立即拥有,若是找到书

的时间拖得太长,他们的兴趣就很容易消失。

不久前,有一位老师跟我提到她的一个经验。她曾在学校的入口大厅举办过一次小型书展,那可以说是个非常糟糕的阅读环境。第二天,她利用集会时间,特别向孩子们提到这次书展,大致介绍了展出的书,并在展览场所放了一些纸张,请孩子们在看过书展后,写上他们想看的书和他们的名字。集会之后,孩子们纷纷回到教室,这位老师则留下来和校长讨论一些事情,她再次经过书展时,发现就在集会结束后短短的两三分钟里,展示架上竟然一本书都不见了。

从这件事里我们可以看到:

★ 读者不愿错失良机的贪婪本性。

★ 老师介绍图书之后的效果。

★ 原本隐藏在一般孩子心底深处的阅读渴望,在老师的鼓励之下就会立即显现。

★ 在书展这样的活动中,书都只能看不能拿,因为在展览期间,图书一般是不外借的。

所有的书展都会面临一个窘境,即无法立即满足读者的阅读需求。原因大概有以下两点：一是有些展览的更替取决于它们自然的生命周期，它常会一直持续到读者们不再有一看到它就立即想要阅读的欲望为止；二是受限于一些公开的明文规定，像是"展出图书需至下周一才可借阅"等。

装置与设备
通过各种深具创意的方式，来展示图书。

一般商场展览所需的设备多半非常昂贵，钱似乎怎么样花都不够。然而，跟花大钱买装饰材料比起来，买书就显得实惠多了。我们应该多动一些脑筋，通过各种深具创意的方式，来展示图书。以下就是一些我曾经用过的点子：

★用大大小小的梯子拼成各种有趣的形状，然后用麻布袋盖上，再点缀一些孩子们的美工作品，就可以成为创意十足的背景。

★将一些用过的纸盒加以包装，再涂上五

颜六色的可爱图案，就是一个个大型的漂亮积木了。

★健身房里的设备，如平衡木、跳箱、攀爬网等，也可加以组合利用。

★美术或手工活动的配备用品，如画架、木制长凳等，也可以组合成很棒的展览台。

★服装店里的假人模特儿和舞台上的台阶应用起来，都是很棒的点子。

只要用心构思，就不难发现很多很多的创意比那些专业的展览板、陈列桌，更能抓住人们的目光。

主　题

图书陈列展示的主题可以、也应该是丰富多样的。

图书的陈列展示可以有各式各样的主题，以下就是一些较为常见的：

★新书展示，这也是最受瞩目的书展，每

个人都对刚进馆的书充满兴趣，但问题是每个人都迫不及待地想先睹为快。

★ 专题书展，如与海有关的小说，关于狗的故事、漫画，同一个民俗故事的不同版本等，均可作为书展的主题。

★ 本周作家，这也是一个相当受欢迎的主题，同时也是吸引孩子们尝试写作的绝佳方法。

★ 本周艺术家或插画家，和上一项相似，只不过选书较偏重于视觉上的吸引力。

★ 与节令或时事有关的庆祝书展。

★ 同一出版社、同一系列的书，或是出版性质相近的出版社举办的书展。

★ 获奖作品展，有许多儿童文学方面的奖项，可以分别以书展的方式介绍给孩子。

★ 国外儿童文学作品展，由于孩子对外国文化的知识较为不足，因此可以在书展的同时，配合展出介绍相关国家的图书，帮助孩子更好地进入状态。

★ 配合当地正在上映的电影、电视节目的相关主题书展。

★与课程主题有关的书展。

★孩子在阅读之后的各种相关创作与所阅读书籍的联展,包括他们的心得、故事、诗作、模型、自制书套以及插画等。

★"我的最爱"。可以将班上的小朋友们加以分组,让他们轮流策划并选出他们最喜欢的书,这也是相当受欢迎的一种书展。但要注意的是,有时候孩子们在选书时会有一些争议,老师要能适时地加以辅导。

展览会

大型书展常常能再度激发孩子们的阅读兴趣。

截至目前,我所探讨的都是小规模的短期书展,其实若能每隔一段时间,比方说一年两次,就热热闹闹地举办一次有更多书、更多背景设计、更精巧的全校性大型书展,那将是一件很棒的事。我们可以邀请家长们一起来帮帮忙、看看书,也可以让孩子在展览会上表演话剧、朗读诗作。此外,还可以邀请一些受孩子们欢迎的人物来作演讲,或

福建省少年儿童图书馆

是安排音乐家到会场演奏，甚至举办一场讨论学校现行阅读政策的研讨会。这样的大型书展，常常能再度激发孩子们的阅读兴趣，并丰富他们的图书知识。

这样的活动在许多学校里被称为"读书节"或"读书周"（在第 11 章将有更详细的介绍）。这种大型书展经常是在户外举行的，因此，需要相当细致的整体规划，某些特别值钱或具有特殊价值的物品，就需要所有教职员一起费心维护。在事前，就必须告知孩子们应该做些什么、遵守哪些规定，并在活动结束之后，核算整个活动的开销。

从各项书展的质量，可以看出一个学校对阅读的重视程度。事实上，学校里的每一栋建筑物、每一间教室，甚至户外，都一定能找出适合举办书展的地方。我们应该鼓励学校的每一位成员，都能安排设计他们自己的书展：如老师们安排的、师生合作的、不同社团的孩子所策划的、家长们参与的，或是亲子合作举办的，倘若这些书展都能随时在校园里出现，那么必定可以鼓励并创造出更多的读者群。

Chapter 5
Reading Areas

第 五 章
阅 读 区

人类是一种地域性的动物,并经常自我设限。

　　我们总是喜欢设定在什么场合做些什么样的事,而大部分人也都习以为常地遵循着这一原则。我们其实就像孩子一样,被期望在各种不同的场合——比如在陌生人的家里,在图书馆,在逛街时,在观看球赛时,或是在参加朋友的生日派对时——应该有什么样的举止。这里就有一个最好的例子:我们常常可以看到,人们一旦踏入宗教建筑,就会一下子变得一本正经起来,即使他并不是那个宗教的信徒。从这里我们可以看出,我们的心态会随着我们对不同环境的认知而有所调整。

　　"阅读"也是这么一回事,我们必须有这么一个可以让我们心无旁骛的场所,才能专注地融入书本。很多经验正印证了这一道理:我们常常在学校里,看见孩子们坐在老师设定的阅读区里,专心地读着手里的书。

　　我们常常在教室的角落里看到由书架圈出来的一片阅读区。在这里,我特别建议将书架背向阅读区,面向教室,这么一来,孩子在借还书时就不必再绕进阅读区里,而这些环绕的书架背面正好可以形成一圈小小的墙,将阅读区隔成一个小小房间。阅读区里面散置类似软垫、沙包之类的柔软家饰,要是空间允许,还可以摆上一个

深圳市翠茵学校图书馆阅读室

小沙发和小桌子，让这个小天地显得更舒适更吸引人，墙上还可以贴一些书的海报，并陈列一些图书。

有些幸运的学校能拥有独立的图书室，里面有精心设计的阅读角，还能有足够的空间做图书陈列，让孩子们可以现场阅读。因为有足以容纳整个班级的空间，图书室还可以举办一些相关的阅读活动：如邀请作者来和小朋友谈书，或者作为访校图书馆员讲故事的场所。

在阅读区里，孩子们所需要遵循的规则相当简单：在里面安安静静地看书，不要和他人交谈，也别动来动去，以免影响其他小读者。

或者，我们可以这样特别跟孩子们强调一下：阅读区不是图书馆，没有足够的空间和馆藏让他们走来走去地浏览群书、找书借书、相互讨论一些有趣的书，或者是查询资料。

我曾经在一位年轻教师的班级里，看到这么一个规划得相当棒的阅读区。我问他为什么将书架都背向阅读区，正如我之前所叙述的那样，在阅读区里只能阅读，而不能浏览和选书。

他是这样回答的："就像你去逛超市的时候，绝对不会在买了食物之后，马上就地烹煮食用。对我们班的小朋

The Reading Environment

打造儿童
阅读环境

北京第二书房

友来说，图书馆就是他们选书的超市，他们会在那儿挑选他们想看的书，或找同学讨论他们挑的书和他们觉得很棒的书。但是，他们会想去找一个特别的地方，好好坐下来享受自己所选择的书。"

他说得很有道理。参观过这间教室之后，我获益良多，他为我们提供了一个很棒的实例。

阅读区意味着你对阅读的重视，可以借此让孩子们明白：如果不是如此认同阅读的重要性，老师不会在教室里拨出这样的空间来让他们阅读。一个小小的地方、一些简单的阅读守则，不需要老师多说，孩子们就可以体会到整个班级、学校，甚至社区对阅读的重视。

 个案研究

绝对不要因为"无章可循"、"经费短缺"这样的理由，就轻易放弃改善阅读环境的计划。

在牛津郡的一所中型小学里，校长决定将一间大储藏室改建成阅读区，以改善学校的阅读环境。

……我希望能特别将一些小说陈列出来，让孩子们有浏览这些图书的机会和环境。这个阅读区还可以作为一些小型读书会的活动场所，并且容得下一个班的学生在里面阅读。我期待孩子们可以在这里谈谈书，轻松而愉快地享受阅读。

一开始，筹建经费没有任何着落，但是我相信学校的家长教师协会应该可以给予一些帮助。

接着，我亲自去拜访学校所在地的主管机关，向负责相关事务的主管陈述我的想法，请求他提供支持，并邀请他到学校来实地考察，看看阅读区可能需要什么样的家具、设备，而这位主管先生也果真带着各式各样的目录，到校和我以及负责的老师一起讨论这件事情。令我欣慰的是，他相当认同我的计划，也认为这栋老旧的建筑物的确需要一个安静的阅读区，并当场允诺愿意拨出家具、书架以及布告栏的经费。

我们购置了3组可调整型书架，每一组都包含了10层的水平书架，和3面可供陈列图书的倾斜式书架；还添置了3张矮桌子、可供6个孩子坐的小立方体，以及两张坐着很舒服的布面长椅；同时，还设置了3面布告栏。

　　我和负责的老师将原本的储藏室整理干净，为了让房间的光线更好，还请人安装了照明设备。

　　我认为孩子也应该参与整个计划，于是我们请一位家长协助孩子们，合力制作了两个大大的沙包似的软垫。

　　接着，我们从学校本身的经费里拨出一大笔购书款，直接与大书商联络买书事宜。

　　从重新装修、添购设备，到所有的图书上架，我们整整花了9个月的时间。在阅读区启用的第一天，我们还邀请了一位知名作家为孩子们举办一场读书会。

> 摘自牛津郡斯坦雷克小学校长
> 约翰·基钦（John Kitchen）
> 1989年的演讲

　　从整个计划中我们不难发现，只要校长和全校老师能下定决心，并朝正确的方向着手去做，再大的计划也有完成的希望。我们不能只坐着抱怨经费筹措有多困难，你也可以仿效这位校长，主动向当地行政主管部门寻求必要的经费支持与工程协助，再结合全校师生的努力，就有希望以最少的经费完成梦想。

相信地方学校主管机关一定也很愿意拨出经费来支持类似的活动。只要校长、教职员、政府部门能有共识和决心，没有什么事是办不到的。

类似这样的故事，相信大家也时有耳闻，有几件事情是值得我们大家牢记在心的：

1. 绝对不要因为"无章可循"、"经费短缺"这样的理由，就轻易放弃你认为应该去做的事。先尽力去试一试吧！试着询问任何与你的计划有关系的编列预算部门，例如课程发展小组，就常有协助学校添购藏书的经费预算。此外，也可以尝试筹办以促进各种文化为主题的募款活动，相信也可以筹措到一笔购书的款项。

2. 事先构思好该如何说明，为什么你的计划是值得大家支持的，并将你的理由清楚地记录下来，包括：

★ 你的计划会为孩子们带来什么不一样的

转变?

★它将给孩子们带来什么样的好处?

★它能否符合课程的需要?

★谁会来负责这个工作?

★写一份不超过两页的计划书,相关主管才能比较轻松地研究你的提案的可行性,以下我所要提的第3点,则可作为你的计划书的附录。

3.将你所可能需要的经费详细列出。在向你的主管——不管是校长、政府主管机关,还是相关支持部门——报告预算时,千万不要只是草率地交代一个整数,而必须将每一个项目可能的花费清楚列出。

4.估计经费时要实实在在,但可以比你心里预估的稍微高一点点。并先考虑好,如果必须有所取舍,你会做什么样的决定。

5.如果能收集到资料,可以特别说明一下你的计划与政府相关部门正在推行或即将实施的计划是多么契合,如此一来,你将更容易获得相关支持。

Chapter 6
Browsing
第 六 章
浏 览

大部分读者都能体会到浏览的乐趣。

不管是在二手书报摊上随手翻阅,还是在图书馆里随意浏览,大部分读者都可以找到他们想阅读的书。

如果你老是受限于教科书给你的建议,无论它推荐的图书有多好,你还是难以成为一个真正会为自己选书的读者。因为,不会有哪个人所选的书可以适用所有的人。能自由自在地依自己的心境(或许欢乐,或许悲伤)选择自己想看的书,这其实是一件相当享受的事情。如果能依自己的文学品味、心境,来看自己想看的书,那我们肯定能成为最快乐、最心甘情愿的读者!

小孩子其实和大人一样,也需要这样的机会,自己去找出适合他们的成熟度和个性的书。而浏览群书正好可以给孩子们提供这样的机会。

因此,提供浏览的机会与时间,正是一个阅读环境该考虑的重点之一,而且这绝对可以带来很多的好处,比方说,孩子们会经由浏览,注意到他们所熟悉的书,而展开一连串相关书籍的阅读。很多来自不买书的家庭的孩子,就和我以前一样,总觉得一进书店或大型公共图书馆,看见一排排书架上数不清的书,就不知道该从哪里开始着手选书。而在学校里,有很

杭州市少年儿童图书馆

浏览 55

了解孩子们的老师可以提供协助，有同学可以一起讨论读过什么书、喜欢什么书，如果我们能在学校里就提供给孩子们浏览的机会，那将对孩子们学习怎样选择他们喜欢的书大有帮助。

接着，找合适的机会和每个孩子个别谈一谈，也是很重要的。当全班的孩子都穿梭于书架间浏览找书的时候，老师就可以利用这个时间，找些孩子个别谈一谈，并借机听听他们的心得，鼓励一下他们，或者给他们一些选书的建议。

在找书、选书的同时，孩子们也可以讨论他们读过些什么书，交换一下意见，并且"煽动"好朋友去看一看自己喜欢的书。这样，老师或者什么都不必说，只要提供一个足够诱人的馆藏，和允许他们转来转去的空间，让他们能安静地彼此交谈，就是一个让孩子们彼此协助的最佳情境了。同学之间的影响力绝对是不容忽视的，我将在第13章里详细讨论这一问题。

该在什么时候提供多少时间浏览？

为孩子安排定期的浏览时间绝对是必要的。

在一般秩序良好的班级里，每天大约提供 5 分钟的时间给孩子，应该就足以让他们找到要浏览的书了。但如果要举办特别的书展，或是到学校图书室上阅览课，或者到当地的公共图书馆，就有必要给孩子们更长的浏览时间。也就是说，我们应该根据场合的不同、图书数量的多寡，弹性地调整孩子们的浏览时间。还有一点要特别注意的是，越特殊、新奇的场合，我们越要在事前细心地和孩子们约法三章，以免他们兴奋得失去了应有的分寸，而使得秩序大乱。

我常常会安排一段时间，让孩子们一起浏览图书。当然，他们也会想利用上课的空档，自己找时间浏览。关于这一点，只要我们能提供给孩子们一批他们可以随时翻读借阅的馆藏，这个愿望倒是不难达成。

那么，这个正式与非正式的浏览时间，到底有何不同呢？在正式的浏览时段里，孩子们必须在老师的指导下，团体一起浏览。我们的目的也许是因为某个课程的需要，必须一起用心地参观相关书展；或者是单纯地希望他们能和同学在一起，分享彼此的阅读经验，找一本有兴趣的书来阅读。而在非正式的浏览时间里，孩子们可能会因为一时兴起想找一本书来看看，而单独或约好朋友们一起去浏览图书。

在没有任何指导的情况下，光靠浏览无法让孩子们成为饱览群书的读者。有人认为，我们该负责的是提供给孩子们一个书香环境，其他一切顺其自然就行。也许这对某些孩子来说是足够了，但对大多数孩子而言显然不足。然而，从另一个角度看，也正因为浏览本身轻松随意的特质，刚起步的读者反而更容易在不经意中发现一些自己可能会喜欢的书。正因如此，为孩子安排定期的浏览时间绝对是必要的。

Chapter 7
Reading Time
第七章
阅读时间

所谓读者，就是要为自己而阅读，而所有的阅读总是需要时间的。

　　如果你也认同上面这句话，那么相信你也一定能接受以下这一观念：要想培养孩子成为一位读者，一定要给他时间来阅读。

　　为了落实这一理念，有些老师设计出以下这些简单易记的词，来强调留出时间阅读的重要性。

　　★ DEAR（Drop Everything and Read）：抛开一切只管阅读。

　　★ USSR（Uninterrupted Sustained Silent Reading）：不受干扰的安静阅读。

　　★ SQUIRT（Sustained Quiet Uninterrupted Independent Reading Time）：保持安静不受打扰的自主阅读时间。

　　也有一些老师单纯地称之为阅读时间。

　　就在几年前，约翰·沃纳（John Werner）提出了一些主张来支持这一个观点：

★每个学生都应有机会依照自己的速度、程度来阅读。阅读需要经常练习。

★老师总是无法针对每个学生的不同程度、个性,提供一份适合的书单给他们,因此孩子们应有机会多方摸索,尝试阅读。

★不能期待孩子们会利用课余时间阅读。很多孩子来自于没有阅读习惯的家庭,这样的孩子常会因为电视而牺牲阅读的时间,因为在他们的世界里,阅读并没有被视为生活的一部分。

★老师最好不要总是想去左右孩子们的阅读看法,因为对阅读的看法本来就因人而异,权威式的介入很容易使师生间的关系出现裂痕,再加上一个班孩子众多,老师很难立刻察觉出问题。从许多例子里我们都发现,一个干预过多的老师很容易使孩子们产生不喜欢阅读的后遗症。

★老师不能限制孩子们只阅读他选的书。如果只鼓励孩子阅读指定的图书,那么班上的孩子将只能呈现老师的阅读趣味,而无法展现个人的阅读特质。

★如果孩子们老是看一些不营养的书，老师就有必要作个案处理，适时加以引导。

★很多知名作者都是在很小的时候就培养了广泛而多样化的阅读习惯。

★孩子们得学着探索自己的阅读品味。一个能决定自己想看些什么书的孩子，他的阅读品味与层次，绝对比要靠老师来告诉他这个好、那个不好的孩子高出许多。

沃纳所强调的，其实是我们早就已经明白的道理：如果我们能早在孩提时代及青少年时期就培养起经常阅读的习惯，那么，我们绝对有最佳的条件成为一位成熟的读者。

应该多久让孩子自己选一次书？

学校每天都应该拨出一些时间，让孩子自由自在地挑自己喜欢看的书。

我的看法是：孩子们在 16 岁以前，每天都应该拨出一些在校时间，自由自在地挑自己喜欢的书。在这样的阅读环境之下，关心孩子们的家长会发现，孩子会在周末或放假在家时自动自发地去找他喜欢的书来读。

 ## 可以花多少时间在阅读自己喜欢的书上？

随着孩子阅读习惯的渐渐养成，我们可以慢慢加长他们的自行阅读时间。

这个答案很简单：就看孩子的专注力和兴趣能持续多久，再多加上一点点时间就对了。而这个时间的长度，自然会因各种限制而有所变化：比方说，小小孩的专心度就没有大孩子来得持久；来自有阅读习惯家庭的孩子，其阅读习惯的养成，绝对要比那些来自没有阅读环境的家庭的同龄孩子更容易一些；在班级气氛良好、布置温馨舒适的教室里阅读的孩子，当然会比那些需面对不称职教师、教室环境杂乱无章的孩子，要更容易进入状况。

你不能期待班上那些尚未养成阅读习惯的孩子，在一个新老师告诉他们要有规律的阅读时间后，就能马上进入状况。孩子们总是需要我们慢慢引导，才能循序渐进地步上轨道。因此，为孩子们讲解阅读时间里该做些什么之后，你可以先抽出一点时间来为孩子们读故事，这样就可以将孩子们聚集起来，一起进入故事天地。接下来的时间，孩子们就可以阅读他们自己想看的书，并随着他们阅读习惯的渐渐养成，我们可以慢慢调整加长他们的自行阅读时间。等到他们完全习惯自行阅读的时候，我们就可以不用在一开始的时候为他们读故事，而将读故事这个活动另外安排时间进行。

至于阅读时间的长短该如何安排，大致可以参考以下的建议：**7岁左右的小朋友，一次大约15分钟（一天可以安排两次）；9岁左右的小朋友，一次大约30分钟；13岁左右的小朋友，一次大约40~45分钟。**

 **USSR**

我们应该遵循跟孩子们说明的阅读时间应有的规则,让他们安安静静地阅读。同时,在这段时间里,老师也应该阅读自己想看的书,才能以身作则。

以上提到的阅读时间,当然是指整个时段都应用于阅读,其间不应该包括准备、调整心情以及老师指导的时间。

这段时间得是不受干扰的(uninterrupted),老师应该避免利用这个时间检查学生们的功课、要他们读故事,或自己在整间教室转来转去地忙着做其他事情。事实上,我们应该遵循跟孩子们说明的阅读时间应有的规则,让他们安安静静地阅读。同时,在这段时间里,老师也应该阅读自己想看的书,才能以身作则。

只要不受干扰,阅读就能持续(sustained)上一段时间。但是,有些时候孩子还是需要我们去鼓励的。像是在规定的阅读时间内,孩子们有时候明知那该是阅读的时候,却难以定下心来,老师在一旁适时的鼓励,就可以帮助孩子们发挥他们应有的自制力。此外,我们要让孩子们认为,阅读时间理所当然是除了阅读之外不应该再做任何其他事情的。有些学校还因此将阅读时间都

深圳市少年儿童图书馆经典读物阅览区

打造儿童阅读环境 66

调整成同一个时段，不过，还是有很多学校将阅读时间交由老师自行去规划。

接下来就是安静（silent）这个问题了。我们不难了解，越大的孩子越能安安静静地阅读。小孩子们在阅读的时候，总是彼此聊个不停：迫不及待地指出书中他觉得有意思的情节与他的好朋友分享、大声说笑、念出故事、批评故事情节，甚至当场即兴表演起来。但是，他们似乎也不会受到其他跟他一样的小朋友的打扰，对他们来说，安静的要求就不是那么必要了，因为，过分的坚持，反而会让他们不喜欢阅读。大概9岁以上的小朋友，他们开始慢慢会喜欢安静地阅读自己手上的书，而不会在阅读时间里去打扰其他同学，这时我们就可以开始要求他们在阅读时间保持安静了。

我曾经在阅读时间里，拜访一个9岁小朋友的班级。班上有些小朋友就坐在自己的座位上阅读；有的则伸长了腿，沉浸在一旁的阅读区里；还有3个小朋友一起围在一张小桌子旁，轻声讨论着一本绘本里的情节；另外还有两个小朋友，则安安静静地一起阅读着同一本书。整个教室里，并不是全然地安静，然而这些轻轻细细的呢喃声并没有打扰任何人。孩子们的老师也正在阅读一本小说，她大概每隔几分钟会抬起头来，看看教室里的学生有没有乖乖地看书。在这 25 分钟的阅读时间里，她也会起来走动几次，走到隐蔽的角落，看看在那儿阅读的孩子是不是也乖乖的。只有一次，因为一个孩子老是晃来晃去，她先是以警告的眼光看着那孩子，在情况似乎不见改善之下，她又用手指了指这位小朋友，最后，这个孩子终于领悟到，回到他的书本里去是比较明智的选择。

我去访问的时候正值 3 月，而这位老师是在上一年 9 月开始推行阅读时间计划的。在计划实施之前，这个班上的阅读情况是非常糟糕的，这些孩子不曾有时间阅读他们自己感兴趣的书；这本书中所提的所有该有的阅读条件，他们几乎一项也没有。这位老师表示，她大概花了整整 3 个月的时间，才让孩子在这段阅读时间里进入状况。现在，孩子反而会因为阅读时间被其他事情给耽搁了而有所抱怨呢！

接着，我还要和各位分享一位老师推行阅读时间计划一年以来的一些心得。这位老师来自一个只有两个班的乡村小学，他负责的是 8~11 岁，年龄较幼的一班。

阅读时间从一开始实施就颇为成功。较年幼的孩子，他们喜欢看绘本，所以常常会一拿好几本，占用很大的桌面，看不懂时，就很快地一直翻页，而且不大喜欢和别的孩子一起分享他手边的书。这时候，我会告诉他们该如何正确地阅读，并且教他们在阅读区里，应该学会安静，以及和同学们一起分享有限的图书。大部分孩子在那段时间里能全心地投入阅读，也因此获益良多。然而其中有两个孩子，在计划推行之初，较难进入状况：一个是女孩子，她总是没法在这20分钟里乖乖坐住；另一个是男孩子，他则是不断地更换手中的图书，就是没办法静下心来阅读。不过，在慢慢的引导之下，这两位小朋友也都学会让自己进入状况了。

摘录自牛津郡柴尔得瑞小学老师
霍华德·比格斯（Howard Biggs）
1989年3月的笔记

如果要我指出培养孩子成为读者所需提供的阅读环境中几个不可或缺的重要条件,那么阅读时间的安排就是 4 个要项中的一项,还有两项分别是建立一个良好的馆藏和读故事。另外一项,则因为偏重在老师如何指导孩子阅读,较少牵涉到阅读环境这个主题,所以不在本书的深入探讨范围之内。我会在另一本书《说来听听:儿童、阅读与讨论》(*Tell Me : Children, Reading and Talk*)中,深入处理这个议题。

显而易见,阅读时间在这 4 个主要条件之中是最重要的一项。我们可以看出:即使有个很不错的馆藏,如果没有孩子去阅读它们,这些馆藏就无法发挥它应有的功能;如果团体中没有几个孩子阅读过同一本书,那么读书会也无从举办;虽然为孩子读故事这项活动本身有它的价值,但是**就帮助孩子成为一位读者而言,我们更关心的是孩子们是否能够自己阅读。**

很明显,阅读时间的安排为其他几项条件提供了相当重要的基础。**我们可以从一个学校安排阅读时间的长短、保证阅读时间不受其他活动干扰的决心,看出这个学校的气质。**

Chapter 8
Keeping Track

第 八 章
掌 握 阅 读 状 况

遗忘也算是阅读的一部分；而想起我们曾经忘记的那部分，则是阅读的乐趣之一。

很少有人能够将所有书的每一个章节都清晰地牢记在脑海中，多少会忘记某个篇章、或是故事的某段情节。正因为如此，我们在重读这些书时，仍然能从中获得许多乐趣：或是重温第一次阅读时的心灵悸动；或是发现新大陆似的注意到之前没注意到的一些细节，因而对同一本书有了新的领略与观点。

如果我们阅读时，能留下一些简单的记录，是不是能帮助我们对书中的情节有更深刻的记忆，更增添阅读的乐趣呢？过去的确有许多资深的读者是这么做的，他们留下许多包括书名、作者的书目资料，以及阅读完毕的日期，有些甚至还会记录下自己阅读时的一些心得想法。

前几年因为在职进修的机会，我认识了两位即将退休的老师，他们都是从十几岁开始就有记阅读笔记的习惯。翻开笔记的任何一页，他们几乎可以指着其中任一条记录就立刻想起当时的种种：除了书本身，连带他们在何时、何地和哪些人在一起等细节，也都能清楚地说出来。当时在场的其他人，都好羡慕这两位老师，一本看似简单的读书笔记，却能丰富他们的生活。因此，我也开始记录起自己的读书笔记,并且非常高兴自己能这么做。关于阅读的种种,是永远也不会嫌太晚的。

当然,阅读经历所代表的绝不仅仅止于我们曾经阅读过的书,它多彩多姿地呈现了当时阅读故事时的心情,也造就了今日的自我。

如果阅读不曾影响我们的生活、不曾改变我们些什么、不曾影响我们的处世态度,那么它很快就会成为一项过时的娱乐,我们也无须在这儿小题大做地阐述它的价值了。然而,阅读正如我一直以来所笃信的,确确实实是以各种方式深刻地影响了人们的生活。因此我们的脑子里曾放进哪些书、记得什么样的书,就有相当重大的关系。

此外,在学年期间,到底应该给孩子们一些什么,一直是家长及政府赋予老师的一项重大责任。如果孩子们的阅读没有任何记录的话,老师和其他人又从何去了解孩子的阅读经历?**如果老师对班上的孩子读过的故事、诗篇、绘本或民间传说没有一点点概念的话,他又如何能好好地带领这个班级呢?**

如果老师只是给孩子们一份标上号码的阅读清单,然后就依着这份书单追踪孩子们到底看了多少,那么阅读在这儿变得更像是一场阅兵。一个真正重视儿童阅读

上海市少年儿童图书馆

的老师应该就像某些注重文学教育的家长一样，给孩子们一个最好的阅读环境，提供许多优秀的儿童文学作品，让孩子们随时可以找他想看的书。我们不会将这些书编号，不会填鸭式地要孩子们照单全收，更不会要求所有的孩子都阅读相同的书籍。

近年来，在一些好的班级里，我们发现确实有些书是全班同学都读过的，但更多的是只有一些小朋友读过的书，甚至还有些书是只有一个孩子看过或几乎没人读过的。在那样的班级里,每个孩子的阅读经历都是独特的，但他们还是会一起分享每个人都觉得非常有趣的书。

因此，从现在开始，每个孩子都有必要记阅读笔记，如此一来，家长和老师们就能掌握他们的阅读状况了。这并不是什么麻烦或困难的事，我们可以把它当作是简单的例行公事,只要读过什么书,就随手将它们记录下来。有些时候，大人们甚至可以帮年幼的小孩做记录。

有必要将孩子们的阅读记录一年一年地，从一个班到另一个班，从一所学校到另一所学校地一一保存下来。即使在这中间，孩子遇上不称职的教师，或者是嫌麻烦而不认为阅读有什么必要的老师，我们还是可以帮助孩子们一起回顾他们曾经记的阅读笔记，并体验阅读笔记的价值，鼓励他们不管现任的老师怎么认为，都要继续记录下去。

如果我们遇到的孩子不曾记过阅读笔记，那么，我们就得试着花上一点时间，陪着他们一起回顾曾经看过的书，并尽量把它们记下来。

实践中几项值得注意的重点
老师和家长都要避免在孩子的阅读笔记上写任何评语。

★确定阅读记录的笔记本装订得是否牢固。这个笔记本不需要很大，页数也不用很多，但一定得坚固耐用。

★在孩子不会写字以前，老师得帮孩子们做好这个记录并妥善保存。一旦孩子学会写字，并能担负起自行保存阅读记录的责任时，老师就可以将这份工作移交给孩子去做。老师只要一个礼拜追踪一次孩子们有没有好好做记录就可以了。

★不要强迫孩子们写下他们对书本的评语，这只是一份简单的阅读书目记录，不要将之视为一份作业。有些孩子只会简单地下一个评语，像"很棒""无聊""好好看哦"之类的，我们也没必要去更正他们。不过，我们得注意不要让做这份记录沦为一项无关紧要的琐事。

★老师和家长都要避免在孩子的阅读笔记上写任何评语，像"你写得太简单了"，或"做得很棒"等。它只是一份帮助孩子明白自己曾看过哪些书的记录而已，我们不希望孩子将阅读笔记视为作业，甚至起反感，那就不好了。

★而最糟糕的状况是将孩子们的阅读记录拿来做比较："人家珍妮弗这段时间都读了5本书了，而萨拉你却只读了2本。还有，查尔斯，在过去这两周里，你一本书都没读，看看人家詹姆斯都读6本了呢！"

★如果老师自己也做阅读记录，那么孩子做起来将会更心甘情愿。

Chapter 9
Storytelling
第九章
讲故事

有些人或许会说他不喜欢读故事,但不喜欢听故事的人却很难找到。

不管是笑话、某人的奇闻轶事,还是闲聊,都是以人为主角,绕着这些话题打转:人们做了些什么?怎么做到的?为什么这样做?根据人类学家的说法,我们只要追溯那些口头传说,大概就能一窥早期人类生活的种种。而这一切慢慢地发展成了诗歌、散文、戏剧等形形色色的文学形式,以及历史、传记、宗教、哲学等各种知识。我们想象力十足地运用语言将人类生活的种种告诉彼此,同时也试着去弄明白彼此所说的一切。

这正是人类历史的真实面,而这也是人们最真实的生活。在这一方面,我们每个人都活出了属于自己的历史。

每个人最早都是通过听故事开始接触文学作品的。在我们会说话之前,大人们就开始和我们玩故事游戏了,比如童谣:"滴答滴,滴答滴,老鼠爬上时钟去……""小猪上市场,小猪在家里……";又或者是童话:"从前有一只大野狼……""很久很久以前,有一个贫穷的妇人,和她唯一的儿子过着相依为命的生活……最后,他们终于过上了幸福快乐的日子……"。

这些故事都是用很简单的话语讲述的,让我们在会阅读文学作品前先通过声音来认识它们。这些童谣、童话让我们习惯于语言的自然音调,并给予我们无限的想象空间。它们就像一个个装着蓝图的小盒子,储存在我们的心里,帮助我们了解故事的结构,并创造出属于我们自己的故事。

等我们会讲话了,大人们又会告诉我们许多故事,来回答我们的种种问题:我们到底是谁?从哪里来的?为什么会在这里?借由聆听我们的家族、部落以及世界的故事,我们才得以在历史的时空中找到自己位置,并且慢慢地建构出个人的一些基本特质。

如果你对这一点存疑的话,试着和一个你认识却不怎么熟的人安静地玩一个简单的游戏,互问对方"你是谁?"并回答彼此的问题,还要特别强调"你是怎么知道的?"你将意外地发现,你得把许多故事的片段拼凑起来,才能够理清这个问题。尤其当被问及"你是怎么知道的",你的答案几乎都是某某人告诉你的,或是爸爸妈妈、爷爷奶奶、亲朋好友,或是你的邻居。试试看,如果你玩得再久一点,你会开始怀疑,难道自己真的就是这些故事拼凑出来的吗?一旦换了故事,自己是不是就成了另一个人?

我们对文学的品味,就是深深植根于这些曾经听过

长春市少年儿童图书馆蒲公英绘本馆

的故事、我们对故事的需求，以及我们对故事的诠释与理解。**孩子们彼此交换着听来的童谣、童话、传说、神话、笑话，以及幻想故事，这一切都驱使着他们日后成为一位读者。**

其实，不光是年幼的孩子喜欢听故事，就连大孩子、成人对听故事也是兴味十足。想想看，一般观众最热衷的肥皂剧，不就是一种电视版的听故事形式吗？再想想，每当我们到朋友家拜访时，他们大都会很热衷为我们介绍周遭环境，比如这片田野、那一条河的种种，这个人、那个家庭的八卦，以及发生在大楼内或同一条街上的奇闻轶事。我们老是喜欢以一些幻想故事来比喻我们的生活，像是灰姑娘、龟兔赛跑、美女与野兽、会下金鸡蛋的母鸡等等；一些我们明知是故事里的人物，却愿意如此真实地相信他们就环绕在我们身边：罗宾汉、圣诞老人、灰姑娘、白雪公主等。想想看，我们为什么如此轻视事实的证据，而一味地认为小猪是贪婪的，狐狸是狡猾的，熊宝宝是可爱的，小羊则是傻呼呼的？再想想，为什么很多在十几岁就不再阅读小说的大人们，一旦当了爸爸妈妈，都几乎本能地会再为自己的孩子唱童谣、说故事？

为了说故事,不论是什么年纪的大人,总会重新回到文学读者的行列。**证据显示,让不再愿意阅读的青少年和五六岁的孩子们一样听故事,很容易让他们有重拾书本阅读的欲望。**此外,也可以请他们讲故事,不管是生活上的小故事,还是自编的故事,他们将因此重拾已然遗忘的曾经对故事的百般渴求,并获得某种从不曾有的成就感。这份感觉与使命感将驱使这些大孩子们再度扮演起文学世界里的读者角色,持续阅读下去。

有人认为讲故事和读故事是相辅相成的,我将在下一章探讨这个问题。在这儿,我先提供一些讲故事的实践重点。

 ## 从你自己开始讲故事

和孩子分享自身的故事,不仅可以建立和孩子之间的和谐关系,也会让孩子们愿意回馈给你一些来自他们世界的故事。

每一个大人,都有一些来自本身经验的奇遇、故事。将这一切和孩子们一同分享,不仅可以建立和孩子之间的和谐关系，也会让孩子们愿意回馈给你一些来自他们世界的故事。在这个时候，我们一定要表现出十分乐意且万分期待的听故事态度，就像在聆听一位真正的作者（那些我们看不见的专家）创作的趣味十足且别具价值的故事一样。

孩子们自己在生活中创作的故事有一个相当重要的特质，就是他们得依照自己的逻辑，添加许多他们自己的想象。 首先，他们得理清事情发生的先后顺序，试着做一个正确的组合与安排。即使是取材自他们的生活经验，在编故事时，也得练习发挥叙事的本领——比如故事人物和意外事件的安排穿插、故事情节的组织等。讲故事的人还得决定采用直叙法或倒叙法；要以第一人称，还是第三人称的角色叙事；要扮演成故事中的人物现身说法，还是以旁白的方式处理；要以对话还是报道的方式呈现故事情节。

为了扮演作者的角色，孩子就得将自己融入整个故事情节中，并思考如何将故事讲述出来。 这样的练习，正可以将他们的兴趣，提升至观察别人是怎么做到的层次。也因此，他们将学会以不同的角度与观点，更留心地阅读故事。孩子们也将开始明白，读者扮演的并不全然是接收者的角色，在讲故事的时候，他甚至是作者的合伙人，因为他得设法填补并诠释作者留下的一些不确定情节。

以下，我就列举几本著名的绘本，在这些书中，作者即给读者预留了许多想象的空间：

★ 在莫里斯·桑达克（Maurice Sendak）的作品《野兽出没的地方》（Where the Wild Things Are）中，读者对于故事中的野兽国，就可以有两种完全不同的诠释：那可能只是存在于麦斯脑子里的一个幻想世界，也或者麦斯是真的到了某个神秘的所在。不同的诠释方向，将牵动读者对故事产生完全不同的感受。

★ 在安东尼·布朗（Anthony Browne）的作品《公园里的声音》（A Walk in the Park）一书中，针对散见于其中的主角们，许多不协调的画面就留给读者很大的想象空间：凝视着一堵墙的米老鼠、踢着一颗大红球的圣诞老人、喷泉池旁的卓别林等。当你从不同的角度来看待书中人物，你也将看到不同的故事层面。

★ 在约翰·伯宁罕（John Burningham）的

作品《外公》(Grandpa)中,通过没有文字叙述的画面,读者得自行去想象其中的对话;书末的空椅子,也留给读者去设想可能的结局。

诸如此类留白的想象空间,不管它的意涵是多么简单,我们也得运用想象力来诠释它们,才能从中获得阅读的乐趣与满足感,也才能够为他人讲述故事。

早在孩子们学会阅读、写字之前,他们就可以通过听故事和讲述他们自己的故事来学习、完成这一切。许多研究都明确地指出,时常听故事的孩子将更有机会也更容易成为一位读者。

 建立你自己的故事资料库

讲故事是一项着重于表演者与听众间互动的活动;
读故事,则是一项着重于作品内容的活动。

数据库里的故事主要包含两类:

★ 可以即兴发挥的故事。

★必须忠实呈现原著的故事。

《灰姑娘》（Cinderella）就属于第一类故事，除了几个关键的情节，其他的部分讲述者可以自行发挥，可以视情况增长或缩短故事，也可以选择或浪漫或幽默的方式来呈现故事，态度可以自然平实，也可以略带讽刺，讲述者有很大的发挥空间。很多童话故事都属于这个类型，可以让故事讲述者去渲染润饰。不过在即兴创作的时候，要注意原版故事里的一些经典情节一定要予以保留，否则整个故事将失去应有的风貌。比方说，在《三只小猪》（The Three Little Pigs）的故事里，大野狼鼓气吹倒房屋的情节就应保留。

对于另外一种类型的故事，如果添加太多个人化的东西，整个故事将因此失去它的重要特征。毕翠克丝·波特（Beatrix Potter）的《彼得兔》（Peter Rabbit）、拉迪亚德·吉卜林（Rudyard Kipling）的《原来如此的故事》（Just So Stories）都是属于这一类。如果我们不想只是单纯地读这些故事，那么我们就得像钢琴家诠释乐曲似的学着去用心体会故事的情节，然后忠实地将它们呈现出来。其中，我们所能掌握的就是故事进行的节奏、故事中人物对话的语气，就像音乐家演奏乐曲一样。当然，这么一来，似乎就和读故事十分相似了。不过，这终究是两项不一样的活动，其中的不同点就在于，讲故事时我们更像一名表演者，会给听众留下比读故事时更深刻的印象。因此，我们可以说，讲故事是一项着重于表演者与听众间互动的活动；读故事，则是一项着重于作品内容的活动。正由于这两种活动之间的不同，听众也获得了不同的经历与体验。

慎重选书

不是所有的故事都适合每一位讲故事者。

不是所有的故事都适合每一位讲故事者。

有些人天性幽默，有些人则不然；有些人擅长模仿各种不同的声音，有些人只能用他自己的语调来讲述所有书中人物的对话；有些人喜欢将故事戏剧化，让听众有如置身戏院（那么，他们将不适合讲那种需要静静欣赏的艰深故事）；有些人则偏好像围坐在炉火旁似的，以温馨对话的方式来阐述故事（那么，他们将不适合讲那种需要高亢情绪的故事）。

如果我们一直看相同的演员扮演戏里的所有角色，即使那演员的演技再好，我们也难免感到乏味。相同的道理，如果要孩子们整个学年里老听同一个人讲故事，他们当然也会觉得很没意思。因此，我们必须要为孩子们安排许多不同的人来为他们讲故事。这也是为什么老师在学校里说故事和读故事的课程，需要在各班级间彼此轮调的原因了。

不是所有的故事都适合每一位听众

在正式讲故事之前，你得先准备一些小故事，让孩子们先适应你的风格。

那么，**你该如何选择适合的故事呢？答案很简单，就是在犯错的过程中去不断地摸索**。当然，你也有捷径可走，就是多去问问其他经验丰富的老师。

如果你所接触的是一个陌生的团体，那么一开始你可以先问问孩子们：最近几天（针对幼儿园的孩子），或几周（针对 6~8 岁的孩子），或几个月（针对 8 岁以上的孩子）以来，听过哪些故事？他们最喜欢其中的哪些故事？这个做法有以下两个好处：

★ 如果你的故事库里刚好也包括了他们喜欢的故事，那么你再为他们讲一次，也是一个很好的开始。

★ 听那些熟悉的故事能让我们很轻松地陶醉在故事的情节中；然而，对于不熟悉的故事，我们也会很容易因为新奇、惊喜的感觉而兴奋。因此，如果我们能掌握听众们熟悉的故事，就能帮助我们选择他们会喜爱的新故事，让他们能轻轻松松地享受其中的新鲜感。

在正式讲故事之前，你得先准备一些小故事，让孩子们先适应你的风格，暖场之后，再引导孩子们进入故事的情境中。通常我们是这么做的："嗨，大家好吗？……让我来先为你们说个小故事……嘿！很好听吧！很好……我知道你们喜欢什么样的故事了，就让我们正式开始吧……"

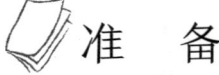 准 备

所有看似极为轻松、自然的演员,往往都是在事前准备得最充分、排演得最用心的。

故事讲得好不好和你的临场反应以及随机应变的能力有着非常重要的关系。但是,这可不表示你可以不必事先准备。所有看似极为轻松、自然的演员,往往都是在事前准备得最充分、排演得最用心的,而这份轻松自然的自信,就是来自于能充分掌握一切的安全感。

每个人都有自己的准备方式,但是总得有个开始的着力点。现在,我就为各位介绍全美最知名的讲故事好手——弗朗西斯·克拉克·塞耶斯[1](Frances Clarke Sayers)的一些经验:

> 在选定你要讲的故事之后,你必须一而再、再而三地反复读它,并且试着去分析它:
> 故事中最吸引你的是哪一部分?幽不幽默?
> 故事情节安排得巧妙吗?给人什么样的感受?
> 一旦你能掌握自己独特的感受和吸引力,

---

[1] 弗朗西斯·克拉克·塞耶斯(1897~1989),美国童书作家,图书馆馆员。她擅长为孩子讲故事和演说,因为对儿童文学、图书馆事业做出卓越贡献而获得众多荣誉。

你就能够为你所讲述的故事增色不少。

故事的高潮在哪里？将这些精彩点谨记在心，在为孩子讲述故事时，你就可以运用暂停或加快语速等技巧来呈现故事的精华。接着，你还必须反复阅读故事，直到你能清楚地掌握故事里所有事件的前因后果以及整个故事情节。将这一切都了然于心之后，你得再读一次故事，这回你得去思考讲故事时要如何断句。一切准备就绪之后，你可以利用睡觉前、开车时，或搭乘地铁的时间，默默地在心里为自己讲述整个故事。在完成这所有的功课后，你会发现这个故事将永远属于你了！当然，这中间你也许会有些时日不再接触这个故事，或许会忘了它。但是一旦你再拿起这个故事重读一遍，那种属于你的感觉就会马上重回你的心里，你会很容易上手。

Chapter 10
Reading Aloud
第十章
读故事

如果没有听过故事,我们将很难进入自行阅读的阶段。

我们学习阅读的历程,是跟随那些懂得阅读的大人一点一滴学习模仿来的。而这样一种老师对学生"知识灌输"的过程,正是利维·维谷斯基[1](Lev Vygotsky)所谓的"最近发展区"(the zone of proximal development),换句话说,也就是初学阅读的孩子其实就像一个见习生。

利兹·沃特兰德(Liz Waterland),一位5~7岁孩子们的老师,也抱有相同的看法,她在《跟着我一起阅读:阅读的方法》(Read with Me: An Apprenticeship Approach to Reading)一书中,特别提到了一些实践做法:

> 大人们得在孩子学会认字之前,先为他们读整个故事,孩子们渐渐学会认字之后,就能慢慢学着自己阅读故事了。一开始,他们或许只会跟读几个他们所熟悉的字,慢慢地,词汇累积越来越多之后,他们就能自己阅读整个故

---

[1] 利维·维谷斯基(1896~1934),前苏联发展心理学家。"最近发展区"是利维·维谷斯基的重要理念,这个理念认为儿童的发展有两种水平:一种是儿童的现有水平,另一种是儿童可能的发展水平。两者之间的差距就是最近发展区。他提倡教育应着眼于儿童的最近发展区,为儿童提供带有难度的内容,调动儿童的积极性,发挥其潜能,超越其最近发展区而达到其困难发展到的水平,然后在此基础上进行下一个发展区的发展。

事了。在孩子们学着自己阅读的过程中，如果有他认为太难的故事或不认识的生字，大人们还是要随时协助他们。我们不必特别跟孩子强调："你学会念所有双音节的生词后，再试着念三个音节的词。"当孩子们试着念一个长长的生词时，我们只管赞美他就是了，即使他可能会不小心念错。

那么，在这个过程中老师能做些什么呢？协助孩子成为一个读者所运用的技巧，和老师在其他科目的教学中所运用的其实是一样的。教育心理学者杰罗姆·布鲁纳[1]（Jerome Bruner）将这一个观念阐述如下：

> 一开始，老师得先抓住孩子们的注意力，再慢慢地用比较戏剧化的方式来呈现整个作品。在这方面，老师拥有独特的洞察力，能够清楚地掌握孩子们对故事长短、难易的理解能力，在孩子还没有能力完全自我阅读之前，用

---

[1] 杰罗姆·布鲁纳，1915年生，美国认知心理学的先驱，曾任美国心理学会主席，被誉为杜威之后对美国教育影响最大的人。

孩子们能够接受的方式协助孩子们了解故事的每一环节。老师的这份工作，正是利用了所谓的"最近发展区"，这个孩子在理解掌握一项学习之前已经自我建立的概略认知区域，来引导孩子学习。也就是说，老师为孩子们做了一件他们不会做的事；另一方面，也可以说他正引导着孩子做一件如果没有他，孩子就无法自行完成的事情。在这整个学习过程中，孩子们就慢慢地从一开始的完全不会，到接手整个读故事的工作，老师也可以高高兴兴地将这一工作慢慢移转给孩子们。

所以，为孩子读故事正是帮助孩子成为一位真正读者的必经过程。事实上，一般人总认为只有年幼的孩子（人们习惯称这个阶段为学习阅读期）才需要大人为他们读故事，这个观念是不对的。从学习到建立阅读习惯的整个过程，可以算一个长期计划，我们实在太小看这个学习阶段所需要的时间了。因此，读故事这个活动，对于所有在学习阶段的孩子们来说，都有它存在的价值与必要。

关于读故事这个活动,最理想的状态应该是让孩子们每天都有机会听一段故事。当然,大概没有老师会有那么多精力和时间为班上的孩子们做这些事情。如果老师无法亲自为孩子们读故事,可以试着安排家长一起来协助。

为什么我如此强调读故事这个活动呢?至少有以下几点理由:

 ## 学习如何阅读故事

从聆听故事的活动中,我们慢慢地去发现、学习故事阅读的方法。

在每次听别人为我们读一个故事、一首诗,或者任何一种文学作品时,我们总能从中获得一些启示:各种文学作品的不同架构带给我们的不同感受,我们从中领悟到什么等。换句话说,从聆听故事的活动中,我们慢慢地去发现、学习故事阅读的方法,为成为一个真正的读者做准备。

在聆听故事的时候,我们将阅读这个重大责任加在

苏州市少年儿童图书馆

讲述者身上。我们可以不必管自己是否认得书本上的每一个字，只要将注意力放在讲的人身上，由他来认字就行了。在这一时刻，我们可以是没有压力而全然放松的，因为所有的责任都有人为我们担负着。在听的同时，我们熟悉了这些故事的内容，虽然未必认得书本上的印刷字，但一样能够用心去体验这些故事、诗词。等到有一天我们得自己阅读的时候，因为已经有了先前的经验，熟悉过这些故事的内容，对认字的工作也就很快能得心应手。而这整个过程，正印证了利兹·沃特兰德和杰罗姆·布鲁纳的观点。

 发现文字的戏剧效果

所有的图书都是剧本，你必须能够将文字转化成一幕幕影像。

我们该怎么样才能学着了解，纸张上印着的字词代表的不仅仅是字典上解释的意思，还能带领我们进入一个充满想象的世界呢？如果能领会这一点，我们就能从书中的人物、发生的故事，以及一些我们想都想不到的点子里，去发现这个充满惊奇的世界——这个世界可能深深吸引着我们，也可能吓着我们；可能让我们欢喜，也可能让我们悲伤；更可能鼓舞我们，让我们有机会重新审视自己。显而易见，一个不肯阅读的人将很难有机会从书中去发现这么一个神秘的世界。

唯一的答案是，**孩子们需要一个懂得如何进入这个魔术世界的人来引导他们走进去**。问题是，我们该如何让这些既不会表演，又不会自我展示的印刷字活起来，幻化成多姿多彩的世界？读故事正好可以为孩子提供一个快捷方式，引导孩子认识这个文字幻化而成的魔术世界。

可以说所有的图书都是剧本，你必须能够将文字转化成一幕幕影像，包括人物角色对话的声音、每一幕快或慢的行进步调，以及故事情节的前后发展等，才能够真正去领会这些故事、诗词的乐趣。

我们可以在别人为我们读故事时聆听，通过观察标点符号所传达的信息和倾听句子的高低语调如何随故事转折，来试着发现其中的诀窍。

这也意味着，**在刚开始学着聆听故事时，孩子手上也要有一本书**。有时候，孩子们会比较喜欢先聆听，再试着自己阅读一次。那么，他们就可以把刚刚听到的在脑子里复习一次，这样，孩子就能像位资深读者似的顺利领会文意。这也就是为什么孩子总在听完故事之后，想立刻再看一遍那本书的原因。

还有一个重点，**我们聆听别人读故事的同时，也可以学习如何去诠释一个故事**。同样一本书，由不同的人来读，可以清楚地看出不同的诠释方向。这也是为什么重读一本书会有那么多的乐趣在里头。其中，诗词的朗诵就是一个最好的例子。因为诗篇通常比较短，在同一节课里，我们可以同时听到一首诗各种不同版本的朗诵。因此，在我们能够真正领会那些著名的诗歌散文之前，试着多朗读几遍，一定可以从中体会更多的涵义，获得更多的乐趣。

相比较而言，绘本在这方面就没有什么发挥的空间，因为一幕幕的图画已经为故事做了最具体的诠释。图画不仅为整个故事的文字提供了完整的画面，更是插画家在他脑海里透过文字所看到的视觉诠释。这也是为什么绘本是阅读新鲜人进入文学世界最自然的一个渠道。**不论对什么年龄的孩子，绘本都像纸上的剧场，为他们演绎出阅读时内心世界里呈现的一幕幕画面。**

挑战困难

通过聆听我们还无法自行阅读的图书,正好给我们一个期望达到的阅读目标。

任何年龄的大人、小孩都能够通过聆听去理解文意,甚至体会其中的乐趣,即使对一些较为艰深的文学作品。阅读能力的发展就像人类其他活动的发展一样,在还未掌握其中的诀窍时,就多少能够知道该怎样去做。通过聆听我们还无法自行阅读的图书,正好给我们一个期望达到的阅读目标。

聆听我们所拥有但无法理解的故事书,是一个相当重要的学习过程。在这个时候,我们是一个听众,而不是一个读者。正如一位老师要把一项新的知识灌输给学生一样,必须经历"这对我来说好难"的过程,再进一步慢慢地学习。为孩子读一个他们还不懂的故事,正是给孩子提供一个理解这个故事的阶梯,而这也是读故事的一个重要价值所在。

刺激选择

> 选读部分要能自成一体,即使没听到书中其他精彩的部分,也能获得听故事的满足感。

要鼓励孩子们阅读那些他们所忽略的图书,最好的方法之一,就是为他们读书的摘要,甚至整个故事。

以下就是安排这类课程的一些实践方法:

★一次读整个故事。活动之后,可以什么都不必多说,或者由老师引导孩子们轻松自然地一起讨论故事情节。我们知道,有些故事总会牵引出孩子心里的话,让他们迫不及待地想与人分享,有些故事则正好相反,老师可以凭直觉来判断孩子们到底需要什么。整个活动最主要的目的,就在于领会和享受故事的乐趣。

★短篇故事、诗歌、散文选集的朗读,可以选择单独一人,或者几个人轮流。每一个小段落都可以安排一个穿插简介,或者一段串场说明。这个活动非常适合在学校日、家长之夜、学校集会等特别场合举行,孩子们的阅读表演可以成为一项助兴节目。

举例来说，曾经有一个10岁孩子的班级，因为对自传体作家查尔斯·考斯利（Charles Causley）的诗产生兴趣，设计了一个以其作品为主题的节目，在学校的早会上表演。孩子们选了他的10首诗，每一首诗都代表他生命中的一个重要阶段——孩提时的《圣托马斯河畔》（By St.Thomas Water），第二次世界大战期间服役于皇家海军时期的《护航》（Convoy），当老师时的《蒂莫西·温特斯》（Timothy Winters）、《妈妈看见一只跳舞的熊》（My Mother Saw a Dancing Bear），代表他幽默感的《我看见一位愉快的猎人》（I Saw a Jolly Hunter），以及传达他对位于康沃尔郡的家乡朗塞斯顿的爱和对宗教的坚定信仰的《抹大拉的玛利亚》（Mary Mary Magdalene）等诗篇。这些被串联的诗篇代表了考斯利的一生，也反映了他的个人特质。孩子们将这些诗篇和考斯利的生平制作成一本书（我还记得他们是用相册做的），并为这些诗画上美丽的插画。表演结束后，这本书就放在他们学校的图书馆里展示，相当受其他小朋友的欢迎呢！由于这场表演和这本书，学校里许多其他孩子也都开始阅读考斯利的诗了。

★读小说或长篇故事的一部分，目的在于刺激孩子们自己接下去阅读的欲望。

这里要注意的是，选读部分要能自成一体，即使没听到书中其他精彩的部分，也能获得听故事的满足感。

★一个故事分几天来读，理想的状况是每一个重要部分之间不要拖太长。还有，要慎重选择适合用这种方式来表现的图书。

★短诗朗读的时间安排就显得较有弹性，可以很容易找出空档来。但还是得注意，要在每天都安排一个固定的时间，即使只有5~10分钟。据我所知，有些老师每天放学前都会利用一点时间让孩子们上台朗读诗篇。孩子们总会事先花几分钟练习，以免破坏了诗句应有的美感，或者因为忘词而出丑，到了念诗的时候，每个孩子就轮流上台朗读他所选择的诗。这样的活动，可以让每个上学的日子都在诗歌的陶冶之中画下美好的句点。虽然是短短的10分钟，却是一个相当值得颂扬和推广的学习活动。

★戏剧化的阅读。让家长们和孩子混合编组，合作朗读一个故事。以个人的音质特色分别呈现书中人物的声音，甚至可以加上音乐背景、服装（帽子、外套或整套服装）以及任何可以增强戏剧效果的道具。通常，以这样戏剧化的方式来朗读一个故事，我们会需要一位编剧来安排每个人所负责的书中人物的对话，以及一位故事叙述者。有必要的话，还可以一人担任两个角色。当然，这一切努力也可以发展成一出戏剧呢！

共同分享

大伙儿像一家人似的围坐在一块儿听故事，总会油然生出一种"我们是一起的"亲密感觉。

读故事活动中，有一个最重要也最值得注意的特点，就是它提供了一个让孩子们和谐共处的机会。一起分享阅读，一起经历那个魔幻的幻想世界，可让我们对彼此产生深刻的认同感。大伙儿像一家人似的围坐在一块儿听故事,总会油然生出一种"我们是一起的"亲密感觉。

每个给孩子读过故事的大人应该都有这样的感觉:孩子们围坐在一起,紧紧地靠在你身旁,轻松而专注地听着你读故事,你可以轻易地感受到他们之间油然而生的归属感。之后,**孩子们会喜欢将一起共享过的书中词语、点子、人物等运用在他们的日常对话中——像口头上的举例说明、个人特征的人物比喻等。这些彼此分享的故事缩短了他们之间的距离。**

这就是文化认同的由来,当然,讲故事和读故事都扮演了其中的一部分角色,只不过是方式不同罢了。

讲故事和读故事的不同点

讲故事就像一种文化上的确认,而读故事则是一种文化上的创作。

在讲故事的活动里,讲故事者比较像是在对听故事者讲话,他们之间像是在对话似的,如果说故事者又将一些自己的想法跟听者分享,就更多了一份个人色彩。

而读故事则是以书为主角，读故事者和听者之间的关系，比较像两个人在一起分享手上的书：他们彼此不会注视着对方，只是一起坐着，看着手上的书，纯粹扮演讲者和听者的角色。

在读故事的活动里，讲者和听者之间主要是由那位隐藏于书后的作者，通过书上的文字和图画来彼此沟通。这位看不见的作者正通过我们之间任何一位会读故事的人，送给我们一份故事礼物。

讲故事的活动里，有较多的情感融入其中，效果更戏剧化；而读故事的活动，比较倾向于注重个人感受的乐趣。

讲故事这样的活动倾向于封闭而排外，故事能否传达都依赖于在座听众的领悟能力。而读故事则是开放而兼容并蓄的，故事可以通过更多的渠道——语言、思考，甚至那位看不见的作者，来传达给读者。

讲故事就像一种文化上的确认，而读故事则是一种文化上的创作。

二者之间的区别，绝对可以写上一本书来专门探讨，在这里只做几点简单的说明。

 **实践分享**

分享过后,最好能有一些复本让孩子们自行阅读。

听故事的时候

可以说,在讲故事的活动里,主角是说故事的人;而在读故事的活动里,主角则是听故事的人。

首先,读故事的活动并不需要什么会话的技巧,也不需要讲者与听者间的多余沟通,通过书上的文字语句,就已经可以将故事的涵义传达得相当清楚了。

其次,读者常常只有通过阅读文字才能捕捉隐藏于文字之后的深意。而这个发现对于读者理解故事是相当重要的。在讲故事的活动里,讲者以他个人对故事的理解来诠释、剪辑整个故事,而这一切也都成了故事的一部分。而在读故事的活动里,讲者就没有这样的发挥空间,他必须忠实地读原文,任何解释和对剧情的更改都会破坏其流畅性,因此,听者必须花更多的时间来领会文意。所以,**读故事的时候,语速必须要比讲故事时慢一点。**

看故事的时候

因为读故事的资源就是手上看着的书,所以我们的准读者们常在听着故事的同时也想一起盯着书本看。如果孩子喜欢某个故事,他们往往会要求再听一遍,或者自己再去翻阅它。所以在设计这个阅读活动的时候,你必须将这些可能发生的情况一并考虑进去。比如说,如果孩子们也想一起看书,我们应该怎样才能让所有的听众都能看到书?活动之后,是不是应该有些复本可以让孩子们自行阅读?

准备的时候

你一定要自己先阅读之后才能为孩子读故事。为什么呢?首先,如果不能掌握接下来的剧情,你常会在读故事时因局促不安而词不达意。还有,很少人能在毫无准备的情况下第一眼看到书就流畅地读出来,即使你已经在心里默念过一遍也还是不够的。因为,你可以在脑子里轻易地和自己对谈,但转换成语言传达出来时,就又需要更进一步的技巧了。因此,你一定要先为自己读故事,才能为孩子读。

当然,慎选适合你的听众的图书是绝对必要的。如果你选对了书,又有了万全的准备,那么,你在读故事时就可以相当轻松地将自己完全融入文字之中,和听众们一起享受这个故事。因为对故事的全然了解,你将更能掌握整个读故事的时间,不管是主讲或倾听、可不可以被打断、要暂停还是继续、提前结束或延长时间等所有的情况,你都能自信地视听众的情绪和当时的需要决定该怎么做。

弗朗西斯·克拉克·塞耶斯曾经写下这么一段话,来鼓励读故事活动:

> 这一切都需要投资许多时间。然而,绝对不会有任何其他的投资,或者其他领域的学习能够有相同的影响力,让文学为孩子们活起来。

Chapter 11
Book Owning

第十一章
图书的经营

深爱阅读的读者，大都会喜欢买书。

人们总是期望拥有那些对我们深具意义的书。拥有这些书，我们就可以随时重新翻阅，让我们更能牢记书中的种种。看着这些书端坐在书架上，想到随时可以掌握它们，就可以给我们带来很大的乐趣，因为这些书都是最美好的艺术品，就像一件件拥有最宜人的形态、重量、结构和味道的动态雕塑品。

18世纪中叶以来，重视教育的父母们就已经为孩子们买书了，因为他们明白拥有图书对孩子们多重要。而从20世纪50年代开始，越来越多的老师渐渐意识到，为孩子们买书也应该是他们工作的一部分，因为买书可以让孩子们的阅读环境更完善。主要原因是：经营良好的儿童书店并非处处可见，很多孩子的父母从不给孩子买书，甚至连书店都很少踏入。**如果能让孩子在学校买书，就可以控制图书的品质，**慎重选择适合孩子需求和观点的图书，效果绝对要比书商提供给我们勾选的书目清单强得多。由学校来经营一个小型的卖书活动，还可以让家长、老师和孩子们一起体验真实的商业社会，并成为真正的工作伙伴，这和其他的学校活动是截然不同的。

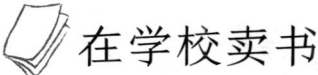 **在学校卖书**

在学校里卖书是一件相当不容易的事。

由于每个学校的情况、环境不同,如何发展阅读环境也各有其最适合的方法。让卖书活动来展开这整个计划的第一步,效果通常是挺不错的。

以下有4个不错的方法可以试试:

★ 加入商业化的图书俱乐部

★ 经营一个图书摊位

★ 经营一个完整的小规模书店

★ 举办定期的图书展览会

如何组织经营学校的卖书活动,可以向英国的学校书店协会(School Bookshop Association)或者是图书信托儿童图书基金会(Children's Book Foundation at Book Trust)索取详细资料。最好能在这些机构搜集到比较齐全的资料之后,再决定要在学校里采用什么样的卖书方式。

此外,同一个地区其他学校里有过卖书经验的老师,也是相当具有参考价值的信息来源,因为他们能够清楚地掌握可能遭遇的阻碍和困难,并给予适时的忠告。

在学校里卖书是一件相当不容易的事,如果没有校长或其他同仁的支持,千万别轻易尝试。

 图书俱乐部
对于不愿意花费太多心神在卖书活动上的学校而言,不失为一个最佳选择。

诸如此类的俱乐部多属于图书邮购系统,比如海雀图书俱乐部(Puffin Book Club)。学校可以定期收到邮购图书的目录,有些俱乐部甚至还会附寄促销书的样本。这样的方式最大的好处就在于它是最容易经营的一个方式,不仅负责的老师责任最轻,而且不成功也可以随时喊停。

不过它的缺点却不少:可选择的图书范围比较小;卖书的频率得由厂商来决定;学校无法控制选书的品质;孩子在买书以前无法看到书的原貌,这常常会导致对后来到手的书大失所望。

综上所述,我们可以发现这其实不是一个相当理想的方式，不过，对于不愿意花费太多心神在卖书活动上的学校而言，倒不失为一个最佳选择。

学校书店和图书摊位
学校要对供应给孩子的图书有全盘的了解。

不管是类似市场摊位的临时书摊，还是长期设置的图书门市，二者的经营方式如出一辙。

学校方面可以和地方或全国性的书商签约，或与专业的学校书店供货商接触——学校在此扮演着类似分店的角色。书商的工作就是负责供应图书，学校则负责日常管理工作，如安排营业时间、柜台工作、看管图书、为读者向书商索取新进图书的信息以及货币交易。

为了让这整个程序进行得更加顺利，学校必须与书商保持密切的合作关系，不过，很现实的问题是，这么做对双方都没有什么经济上的利益。书商通常会给学校提供一点折扣（通常是9折），而销售成绩如何就看老师有没有推广的意愿了。因为，整个学校的卖书活动主要是基于教育的考虑，而不是以赚钱为主：**我们期待孩子**

能通过学校的卖书活动，成为文学气质十足的忠实读者，长大后成为那些好书店的买书常客。

有些学校设置的是最简单的图书摊位，大概不会比一个可提式的小橱柜大多少，大约有几百本平装书，平均一两个星期就会有一次特卖会。有些学校则会选定一个教室或礼堂，摆上几个桌子来卖书，一个星期大约1~2次。摆书的工作由担任"门市管理员"的学生在老师的指导下完成。学校会公布固定的营业时间，平常这些书则锁在一般的橱柜里。至于最热衷于此的学校，则会拨出一个专用的空间作为长期的独立门市，如此事业化的经营需要全校同仁、学生以及家长们的热诚支持才能持续下去。

不管这整个计划是在初始阶段还是已初具规模，也不管参与其中的孩子年龄大小，以下这些事情都需要慎重地考虑：

  1.这样一件工作一定要有一个以上的教职员专责负责，并协同一些家长共同经营，如果只有一个人孤军奋战，那么负担会过于沉重。由于其中牵涉到与书商的金钱往来和商业关系，因此，整个组织绝对不可以草率地慌乱成军。如果整个活动只有一个人负责，那么，只要这个人请假缺席，那事情肯定多少要出错，甚至连书店都无法开放。一旦这个人离职了，那么这书店恐怕就得关门大吉了。学校如果想让自行经营的书店发挥应有的价值，就要让它能够长久而规律地开放下去。

2.学校与书商各自应该担负的责任必须在一开始就理清。不管协议如何，有一件事情必须要坚持：对于要卖的书，学校一定要掌有最终决定权。即使一个优良的书商能够掌握畅销书目和新书信息，学校仍要对供应给孩子的图书有全盘的了解。

3.无论如何，老师绝对不可以自行决定该卖什么样的书，要能考虑孩子和家长们的意见。孩子和家长也应该被视为整个活动的一分子，一起加入学校书店的经营团队。有很多方式都可以让孩子和家长参与其中，比如每个班级在每个月，都提出一份在课堂上讨论过的建议书单；宣传海报的准备；书店新进图书的公告；上架事宜的安排；接待到访的作者或者其他来宾等。

4. 宣传是成功的必要条件。

★要能找对时机宣告书店开放的时间。

★海报可以为书店或促销图书带来很多的关注，可以由学生或教职员自行制作，也可以向出版商索取。

★公布栏上可以展示书的封面、作者的照片，或者学生们与书有关的作品等。

★偶尔举办一些特别的活动（比如图书促销，或邀请作者来访等），才能让孩子保持高度的兴趣。

★设计一个储蓄方案，帮助孩子们存钱买他们想要的书。

★设计书店专用的图书礼券，可以折抵现金在学校书店里使用。

★在学校举办一些特别活动时，书店也应该配合弹性开放，如戏剧节、音乐会、运动会、家长会等。

5. 书店在刚开张时，人潮总是蜂拥而入，但几个星期后新鲜感渐渐消失，盛况也随之慢慢褪去。这是正常的，并不代表失败。但是无论如何，学校书店的目的是希望能够不间断地为最多的孩子提供卖书服务。因此，如果仅满足于服务几个固定的常客，书店的功能终究无法充分发挥。

我们要能尽快唤起顾客们最初的兴趣，因此书店的工作人员要能不断想出新花样，来维持与刺激新鲜感。各种花哨的活动或许能暂时吸引顾客的目光，但时间一长效果也会渐渐消失。比较有效的策略应该是类似"本周焦点"这样的活动，比如"本周作家""本周主题"之类的图书促销活动，每一项活动的时间约3个星期，这绝对有助于达到宣传效果。相信有心的书店工作人员一定可以想出许多很不错的点子。

6.显然，学校书店和学校图书馆的工作应该能够相互结合，彼此增强。两个机构虽然是独自运作，却能一起凝聚更多的力量，这对于读者参与阅读活动的影响，以及所带来的利益，是难以估算的。

学校书店协会出版许多相关的图书，介绍更多的参考资讯。

图书展览会

请班上的学生谈一谈他们在展览会上阅读和购买的书，以延续图书展览会的影响力。

这是不定期的活动。在这样的活动里，孩子、教职员、家长，甚至附近邻居都可以一起来帮忙、参观、欣赏其间的助兴节目和买书。通常，这样的活动会在10月的童书周（Children's Book Week）、圣诞节或复活节前夕，或者暑假（可以在学校不上课时趁机推广阅读活动）举行。再次强调，这样的活动需要非常仔细的筹划、充分的准备时间和足够的人手，才能够顺利进行。

以下是一些需要仔细考虑的重点：

1. 时间。这样的活动不能到了活动前几天

温州市少年儿童图书馆内书籍展览海报

才开始筹划准备。至少得在3个星期之前就决定活动的日期,这样才能有充分的时间来招募人员、安排图书的供应渠道、准备宣传活动、设计图书的陈列展览,以及邀请特别来宾演讲。

至于活动时间的长短,需考虑许多因素再做决定。在一个乡镇小学里,大概一个下午和晚上就能够让整个小区的人都参与其中了;但是在大都市的中学里,可能就要持续一整个星期才能达到目的。活动的目的,是让每一位参与其中的孩子和家长都有充分的时间来看书、买书。也就是说,我们希望在这段时间里,孩子们能够从容地逛逛市集、欣赏其间的助兴节目(如与作者谈书、社区图书馆员讲故事等)、买书,或记下要家长买给他们的书。活动的时间也要考虑配合需要上班的家长,因此晚上、周末的时间最好能一并安排进去。

2. 地点。这样的活动需要有足够的空间来好好陈列所有的图书,以吸引读者的目光;要让来参与活动的人能够从容地在其间走动,而不觉得有压迫感。学校的大礼堂应该是个非常合适的场地。如果需要的话，甚至可以多开放几个空间，但是要注意的是，场地最好能够彼此相邻、易于走动，最理想的情况是都在地面楼层。要注意沿路需有明显的指示路标，此外，停车信息和洗手间的方向也要清楚地标示。

3. 图书供应。有些公司专门提供学校图书展览会所需要的图书，不过，最好还是能邀请当地书商参与。

4. 宣传。这是非常重要的部分，**老师、孩子和家长至少要在一个月之前就知道整个活动的细节**。在消息公布后，还必须要通过各种吸引人的活动计划和信息的传播，慢慢地构筑人们的期待心理。邻近社区的宣传工作大约在3~4周前就要开始着手进行。

学校制作的海报需要张贴在社区的公众场所，如社区的商店、银行、地方行政大楼、办公室、图书馆、健康中心等。

给家长的正式邀请函里，要清楚地注明日期、时间、活动内容，最好在10天前就寄出。

地方的报纸、广播、电视等大众传播媒体，

通常能为活动带来最大的宣传效果,引起人们的高度兴趣。特别是如果你能提供给他们一个报道点,比如关于邀请作者的小故事,或者任何特色活动,就更能突显出活动的精彩了。在活动展开前,可以举办一个记者招待会,特别邀请媒体记者来拍照,并参观整个展览会概况。

5. 现场布置。事先有妥善的计划安排,你才能够确实掌握参展的图书数量。要注意,孩子没法够到太高的书架,而太低的书架也会迫使大人弯腰找书,这些都必须列入考虑之中。展售的图书可以根据主题、作者等分类摆放,或者随意安排也行。但不管计划如何,最好都能将封面朝上,不要把书都挤在一起,让参观者只看得到书脊。通常,人们会想要拿起书来看看,这也意味着现场的图书很快就会变得杂乱无章。因此,每个摊位都要有专门负责的孩子或大人,随时看管现场的图书(也要防止顺手牵羊的情况发生)。

6. 销售管理。最好能够请教学校书店协会或者当地的书商,听取他们对于掌握图书的销售情况、记账、确认未销售图书的正确数字等各方面的专业意见。

7. 助兴节目。这是吸引人潮来到展览会场的一大原因。但是要注意不能让读者因此转移对图书的关注。以下是一些值得一试的方法：

★演讲。可以邀请作者、插画家、出版商、图书馆员或其他专家莅临演讲，这样的活动要能安排好确定的时间，并预先广为宣传，才能确保场面的热闹。此外，事先就要能谈妥该有的支出与费用，以便安排预算。

★讲故事与读故事。在主要展览场的附近，安排一个空间来进行这项活动，社区图书馆员、家长、老师、孩子自己，或者当地的说故事好手，都可以担当这项工作，这项活动安排得越多样化越好。

★幻灯片或影片欣赏。和图书主题有关的幻灯片或影片欣赏通常都很受欢迎，但要注意时间不能过长，以免让参观者坐太久，反而没有时间看书。

★孩子作品的陈列展示通常都能引起高度

的关注。

★戏剧和音乐表演。特别邀请巡回演出者，或者由孩子自行演出一些小型的表演节目，都是相当受欢迎的，如果演出主题能与图书有关，那就更完美了。

★点心摊位。对校外人士开放的图书展览会，点心摊位的设置是有其必要的，而且，这常常是整个活动中最具经济效益的部分。

8.善后事宜。展览会结束时，有许多事情需要处理：将剩下的图书分类整理退回、核算收入、拆除与清洁会场。

当一切结束之后，大家都有时间静下心来思考时，应该邀请所有的主事者，一起召开一个善后会议，讨论展览会的种种，并思考下次再举行类似活动时，能有什么样的改进。此外，还可以安排一个机会听取全校师生发表他们的意见和看法；老师也可以**请班上的学生谈一谈他们在展览会上阅读和购买的书，以延续图书展览会的影响力**，鼓励孩子们成为深爱阅读的读者。

图书展览会是一个相当大型的活动，也应该会很吸引人，整个设计表现的色彩要艳丽丰富,让人能兴奋得想参与其中。基于鼓励买书和阅读的立场,**图书展览会最好每学年都能举办一次**,才能发挥它应有的作用。理想的话,这样的活动还能辅助与宣传学校常设的书店或图书摊位。

深圳市翠茵学校图书馆

Chapter 12
Star Performers

第 十 二 章
邀 请 名 家

与作者或插画家会面，能在孩子们与图书之间搭起一座最好的桥梁，这对孩子们来说是一个相当重要的经验。

　　曾经有一个小女孩这样问我："书是真人写的吗？"不只是孩子，对许多人来说，揭开这个答案的谜底，正是见到自己欣赏的作者时满怀欣喜的主要原因。能见识到隐藏在冰冷印刷品之后的脸庞，是一件很令人兴奋的事情。很多的证据——每次活动之后孩子们谈论的话题、相关图书的销售数量与借阅需求的增加、孩子们的文章、出版商的报告——都告诉我们，**插画家和作家是所有能协助孩子们成为读者的人里最具有明星风采的人。**

　　事实上，所有的好处并不仅仅是单向的，作者和插画家也常常能从中获得许多回馈。从听众身上，他们能学习很多事情，并能和真正的读者群有直接的接触。而孩子们针对书中每个细节追根究底的问题，正可以给他们一个重新审视自己作品的机会。此外，作者和插画家们也可通过这样的活动，暂时从孤单的创作工作中走出来，获得另外一种形式的乐趣。

　　很多学校每年大概都会安排3~4次的访问活动，邀请作者和插画家，或者其他特别的客人来访，如出版商、印刷业者、书商、图书馆员或是专业的讲故事者，以帮助孩子们发现制作图书的各种技巧以及阅读的所有乐趣。

以下是一些需要注意的实务问题。

 ## 选择邀请对象

谨慎地了解来访者。

有时候，做选择是很容易的，比如当地就有知名的作家，或者是社区图书馆员正好有邀请插画家的计划，就可以借机顺道邀请。主办者（不管是你自己还是图书馆员）在邀约之前，应对来访者有充分的认识，才能确保其能跟孩子顺利地沟通。有时候，一位作品受到相当崇拜与仰慕的畅销作家，却未必同时是一位称职的演讲者。因此，**在邀请你并不熟识的人物来校之前，最好能先谨慎地了解来访者的人格特质，以及其公开演讲的情况。**

在英国，文艺学会（Arts Council）在各地办公室都有"访校作家"（Writers in Schools）的计划方案。除了能够提供相关咨询之外，还可以查询到邀请作家与插画家所需要的演讲费用，以及交通费的补助惯例。此外，图书信托儿童图书基金会也同样提供故事讲演者与其他名家的一览表。当然,社区学校图书馆服务专员更是一个不可或缺的咨询对象。

联系工作

邀请事宜至少得在 3 个月前就着手安排。

如果你不知道作者或插画家的地址,可以试着和出版社联系,最好能附上回邮信封,同时提供以下详细资料:

★你的姓名,学校的名称、地址、联系电话。

★简单说明邀请的理由,以及你期望来访者能做些什么。

★你心里设想的活动形式,以及是否有其他可选择的邀请对象。

★参与活动孩子的年龄与数量。

★来访者的作品能否在现场销售。

★提供几个能让来访者选择的活动日期。

★你所能支付的演讲费以及交通补助费。

★如果来访者需要过夜,你能否提供住宿

（即使主人再怎么热情欢迎，也不是每位访客都能适应寄宿家庭，但如果你实在无法提供旅馆住宿的费用，可以试着提提看）。

在收到回信之后，除了第一封信的内容之外，你可以再进一步提供以下资料：

★活动的项目及时间长短。

★来访者参与活动时需要配合的事项：读书会规模大小、是否需要主持研讨会、是否需会见教职员及家长等。

★来访者是否有任何其他需求。

★是否要举办签名会。

★需要什么样的设备：视听器材、展示板、桌子、大型白板等。

★是否需要助手。

★来访者会特别谈到的书（你可以事先准备一些复本，或者让孩子先行阅读）。

★来访者该如何抵达会场：如果自己开车的话，要提供清楚的路线图；或者安排搭乘公共交通工具,并安排接送事宜。

你的态度越积极,越有效率,你获得肯定答复的几率就越高。

不用说,这样的邀请事宜至少得在 3 个月前就着手安排,有些很受欢迎的明星作者与插画家甚至需要在一年前就开始预约,才有机会成功。

活动当天

要体贴入微地关怀来访者的需求。

★ 确定来访者的接待人选,询问其是否有其他需要,务必让访客感到自在舒适。

★ 确认各项机器设备能正常运作,万一出故障,是否有备用方案;此外,要确定有人能够操作这些机器。

★ 如果有正式的介绍词或致谢词,要再次确认有关来访者的资料是否正确、简明。

★ 确认学校的每一位成员都了解活动当天

与平时作息时间的所有不同之处；确保来访者参与的课程部分不会受到任何干扰。

★要体贴入微地关怀来访者的需求，有时候因为反应太过热烈，主办方会忽略了客人需要几分钟的休息时间，上一下洗手间，或吃一些小点心等。但有些情况是主办方过于保护客人，活动一结束，就以迅雷不及掩耳之势将他们请到一个空房间去休息，也不管来访者是不是想私底下和孩子或教职员们聊一聊。

妥善规划整个访问活动

鼓励孩子们在自己的作品中活用并重现来访者带来的种种见识。

明星作者与插画家的到访一直以来都是所有阅读活动的最高潮，甚至常因此而展开另一波的阅读活动。

活动之前，我们要安排孩子们能参与到其中的准备事宜，比如阅读来访者的作品、设计展览会场、为来访者特别创作故事插画、戏剧的排演、准备问题等。整个过程应充满欢欣鼓舞的气氛,全校师生更因这样一个特殊的活动散发出无比的活力。

整个活动结束之后,要能召开总结会议,以便有下一次的活动机会时,最好的部分能予以保留,而不好的情况能得以改善;此外,来访者的作品要能充分供应;整个访问过程也要制作成剪贴报告以方便存档;活动的照片和录像带要能展示出来;为来访者特别准备的精彩节目(如戏剧表演),可以再安排给其他班级或家长观赏,甚至有更进一步的发展规划;更重要的是,要能**鼓励孩子们在自己的作品中活用并重现来访者带来的种种见识,如写作、插画、讲故事、编辑等各方面的技巧**。

还有,千万别忘记:

★给来访者以及所有帮忙的校外人士寄一张致谢卡(孩子们可以帮忙绘制卡片)。

★如果活动当天没时间支付来访者费用,事后要确认一切费用都已支付。

★将活动报告呈送给下回有可能再提供协助的对象,如文艺学会、学校主管单位、社区图书馆馆长、赞助者、家长教师协会、当地报纸。

根据我的个人经验,以及我在从事课程指导时和一些有过实践经验的老师分享的心得,对于邀请明星作者与插画家的活动,大致可以归纳出以下两点结论:对主办单位来说,这绝对是最令人筋疲力尽的一份差事(对其他人来说也是一样,更别说是来访者了);然而整个活动对孩子阅读生涯的影响却是最广泛而深远的。

无论如何,整个活动需要经过周详的计划、面面俱到的细心考虑,并需要主办者全力以赴,才能有丰硕的成果。

Chapter 13
Friends
& Peers

第 十 三 章
朋 友 与 同 学

几年前，美国书商协会（American Booksellers Association）在投注大笔经费研究以后，得出了一项不是太出人意料的结果：选择图书的一个最普遍的理由是从朋友处听到信息。

虽然这一研究结果对书商来说不是太有帮助，但十分值得我们这些儿童教育工作者深刻反思。这项信息告诉我们，**花时间鼓励孩子们彼此谈论阅读过的书，就等于是帮助孩子们阅读更多的书**。只要我们能够影响孩子们中间的意见领袖，或者孩子们心目中的阅读小博士，他们就可以将这份影响力传播给其他的孩子。

当然，这样的工作多半是在比较不正式的场合下进行的：课堂之外孩子之间彼此闲聊时，或者老师私下一对一教学时。我们可以提起某一本书，并主动借给孩子，告诉他："这是老师特别借给你的！"也可以试着去找一些读过我们期望他们能去阅读的书的孩子，鼓励他们多和朋友们聊一聊这些书。

这样一个比较即兴的教学，成功与否就看老师是不是非常了解他的学生，以及对图书信息的掌握是否充分，唯有如此，他才能在最适当的时机，推荐最合宜的书给最适合的孩子。

在帮助孩子们分享阅读，以及扩展他们对彼此的影响力方面，也有一些比较正式的教学技巧，下面我将逐一为各位介绍。

 "你读过这本书吗"活动

每星期安排一个时间，每次让 3~4 个小朋友有机会介绍他们想跟大家分享的书。

我们可以安排一个固定的时段，让孩子们畅所欲言他们所阅读的书，以及他们最喜欢并希望其他同学也能去阅读的书。当然，有时候这样的机会也会不期然地来临，比如，莎拉跟她的老师提到她刚看完一本很精彩的书，老师就可以问她在哪里看到的，并告诉其他所有在场的小朋友。

无论如何，光是等待这样的时机是不够的。我们其实不必特别要某个孩子去准备什么，只需要在每星期安排一个时间，每次让 3~4 个小朋友有机会介绍他们想跟大家分享的书就行了。但你要能清楚地掌握每个孩子想讲些什么，让孩子们能展现他们介绍的书，并确认他们掌握了足够多的细节——作者、其他同类书、相关图片等信息，以使他们的介绍更有趣。

之后，要鼓励其他在座的孩子提出问题，发表他们的看法。这个时候，**老师扮演的应该是类似讨论会主席的角色，任务在于让每个想发言的孩子都有机会讲话**，只在他们需要的时候给予协助。活动结束时，老师可以综合所有重点，做个概括性的总结，并把所有提到的书名、作者再复述一次，以加深孩子们的印象。如果可能的话，可以准备这些推荐书籍的复本，让孩子们有机会借阅。

类似这样的活动可以有很多变化和进行方式。我们可以将一个班级分成几个小组，每个小组分别进行"你读过这本书吗"活动，最后，再在全班报告一次，活动结束后，这些书还可以在班上展示1~2天。此外，也可以在班与班之间进行交流，或者由大孩子带领小孩子们一起进行这个活动。我甚至还看过校际之间通过类似这样的图书讨论会的录像带或录音带彼此交流；也有学校利用家长教师协会的会议或者是早会时间，让孩子们分享他们的阅读经验。

有些老师还会把这样的活动发展为写作课程，他们会让孩子们把在"你读过这本书吗"的活动中所有介绍过的书，用活页纸或目录卡片记录下来，存盘整理。

重庆市少年儿童图书馆

老师们可以**鼓励学生把读书心得写下来，这样就可以和其他同学交换分享**。至于记录的内容，可以只是一句简单的短评，也可以是长篇论述，或者是其他更细心的考虑（比如就有孩子这么写："这本书很适合卡萝阅读。"）。

一个初中生就曾这么告诉我："同龄伙伴推荐的书比老师推荐的书更有吸引力。"我并不能确定这是不是一个真理，也许有些孩子会说情况刚好相反。但对于认同这个道理的孩子来说，"你读过这本书吗"的活动，正是老师引导孩子们发挥同伴影响力的最佳活动。

图书涂鸦板

以推荐图书为目的，任何东西都可以钉在这块板子上。

这个点子是我在一所中学访问时第一次看见的。自推广以来，我发现除中学而外，幼儿园里也有很不错的效果。

这个活动的灵感主要来自于人们在墙壁涂鸦的乐趣。这个活动所需要的材料很简单，就是在教室里或走廊上，放置一块可以钉上图钉的板子。规则也很简单,只要以推荐图书为目的,任何东西都可以钉在这块板子上,也就是说,书名和作者的名称,一定要很清楚地标示出来。

我曾经在板子上看到过以下内容:

★ 读者自制的图书封面。

★ 图书封面的放大海报。

★ 读者们写的长篇心得。

★ 同一本书的各种不同版本。

★ 适合的标记,比如用一只黑色的大蜘蛛代表 E.B. 怀特所写的《夏洛的网》(*Charlotte's Web*)。

★ 类似亚伯格夫妇(Janet and Allan Ahlberg)在《快乐的邮差》(*The Jolly Postman*)一书中提到的各式各样的仿制信件。

★ 从报纸或旧杂志上剪下的作者或任何与图书有关的照片。

★ 图书的宣传卡片、海报、贴纸和标记。

★ 从封面或封底摘录下来的图书摘要。

★ 孩子们自己的插画。

★与图书有关的各种笑话。

　　孩子们一旦搞清楚这个点子,板子很快就会被填满。问题是,我们该让板子上的东西摆多久才能发挥它的效力呢?有一所幼儿园的做法是这样的:只要板子上的东西一钉满,就由孩子们选出他们最有兴趣的项目,再贴到一本大剪贴本里,这本剪贴本就放在图书馆里,孩子们可以随时去看。

杂　志

内容包括所有吸引读者谈论书的项目。

　　不管是墙报或学校杂志这种比较短暂的形式,还是视听资料(比如录像带版的"图书计划"),它的内容和前面提到的涂鸦板一样,包括所有吸引读者谈论书的项目,以及与图书有关的笑话等。

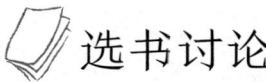 ## 选书讨论

让孩子有欲望去购买并阅读他们自己选出来的书。

我们应该让孩子参与每一个选书机会,包括为班级和学校图书馆选书、学校书店的促销图书,以及陈列展示的图书。

而选书这项工作是要经过讨论、交换意见、列举各种图书的优缺点,以及阅读足够多的图书才能决定的。如果这个讨论会的成员们是各班的代表,他们就必须能反映同学们的意见,这就需要进一步判断讨论了。整个活动的主要目的是让孩子有欲望去购买并阅读他们自己选出来的书,还可以弥补一般班级活动的不足。

选书时必须要针对以下这些具体的问题提出自己的看法:你选书的原则是什么?什么样的书才算是好书?该如何措辞才能更清楚地表达你的想法?有没有其他的阅读方向?是什么样的方向?这些问题不必特别用文字记下,却是整个讨论过程的重心所在。这之中,老师的工作主要是适时地介入讨论,将问题重点引导至学生能够理解的层面。

陈列方式

鼓励孩子们参与图书陈设活动，对他们选书的影响力绝对是非常大的。

这里再次提到设计图书陈列方式，就是希望提醒大家，鼓励孩子们参与图书陈设活动，对他们选书的影响力绝对是非常大的。（详见第 4 章）

 ## 阅读俱乐部

一群同样深爱阅读的人想要聚在一起，最主要的目的就是期望能从中得到认同感。

就像各个领域的忠实拥护者和行家一样，一群同样深爱阅读的人也会想要聚在一起，最主要的目的，就是期望能从中得到认同感，并在学校之外有更多接触图书的机会。很明显，这样做的成效如何，与孩子们的年龄和背景有很大关系。一般而言，阅读俱乐部可以给孩子们提供一些机会参与和阅读相关的活动：如讲故事和读故事、与一些有趣的特别来宾谈论图书、图书相关影片和录像带的欣赏、讨论如何增进学校的阅读环境，并将一些想法付诸行动等。

阅读俱乐部可以帮助阅读迷们享受更多图书所带来的乐趣和机会,但是成员最好来自同一个社区,其影响力才能得以发挥。

 学生社团

老师最大的协助,是满足孩子们逐渐增多的对图书资料和阅读时间的需求。

不管什么年纪的人,只要参与了他们认为很重要的社团,总会不由得对与社团有关的一切更加热心,对周遭人的态度也更有影响力。

从托儿所到大专院校,针对不同阶段人们的能力和年龄,各有许多不同的与图书相关的社团,让大家都有机会参与其中。比如幼儿园的孩子们可以做的是每天早上或放学之前帮忙把书收到图书区,而大学生则可以试着经营自己学校的书店。其他还有许多工作,如协助班级和学校图书馆、设计图书的陈列方式、订购图书、学校书店的宣传工作、经营一份图书杂志、管理图书涂鸦板……

根据我个人和一些老师的经验，协助孩子们组建阅读俱乐部的最大问题，并不是找出发挥同学之间影响力的方法，而是找出足够的时间和资料，来满足他们因为阅读兴趣的逐渐提升而逐渐增多的对图书资料和阅读时间的需求。因此，我们可以明显地看出，在有计划地发展与阅读有关的学生社团活动的学校中，孩子们在整个阅读生涯中将获得更为深切的满足感。

对于老师不需要完全担负起教学责任的学习活动而言，这样的运作方式是一个非常好的范例。老师在此扮演的是类似催化剂的角色，主要的责任在于促使整个活动顺利进行，集助手、资料供应者、向导、行政助理、幕后推手等身份于一身，最终目的就是期望孩子们能够自行运作整个活动，自行扮演老师的领导者角色。这样的学习，绝对要比同学之间没有任何阅读互动的班级中老师为孩子做的各项努力更有效率。

Chapter 14
Helping to Choose
第 十 四 章
协 助 选 书

为孩子选购图书、安排图书的陈列展示、讲故事和读故事、鼓励孩子之间相互讨论他们阅读的书、邀请作者或插画家和小读者们见面等，这些工作都是大人协助孩子们选择想要阅读的图书的机会，而这也是为什么我特别在这个章节里讨论这个主题的原因。

　　以下还有一些很值得介绍的协助选书方式。

不经意的对话

当一个大人对孩子自己选择的书表现出真诚的兴趣时，那么下次，这个孩子将会很乐意去尝试这位大人推荐给他的书。

　　不管是在课堂内还是课堂外，我们有很多机会利用比较自然的方式来协助孩子们选书。在这样的情况下，你可以给学生们提供更适合他们的选书方式，你也可以和学生们尽情分享你的阅读世界——包括你的想法和意见、品味和乐趣。我们总是很愿意听从那些尊重我们的人的意见，因此，当一个大人对孩子自己选择的书表现出真诚的兴趣时，那么下次，这个孩子将会很乐意去尝试这位大人推荐给他的书。这种非正式而亲切的闲聊方式能否成功,关键在于我们能否好好地经营读者群。

 试试这些书

和孩子们聊一聊你期望他们能阅读的书,不要讲太多,大概一次3本书就足够了。

(和第13章中的"你读过这本书吗"活动性质相似)一个星期中,你只要固定抽5、10或20分钟的时间,和孩子们聊一聊你期望他们能阅读的书,或是叙述其中的一小段情节,或是读一小段引人入胜的小故事,或是针对一本书说明你的想法和你为什么欣赏它。告诉孩子们这位作者有什么吸引你的地方,或者其他你认为可以引起孩子们兴趣的细节,但是注意不要讲太多,大概一次3本书就足够了。

我们甚至可以将这样的活动变成记录,可以利用展示板、大型的活页档案或卡片目录夹等方式,来记录这些可以帮助孩子们选书的资料。你可以选择任何你觉得足以吸引孩子们兴趣的方式来建立这些资料,或者像

深圳市少年儿童图书馆幼儿借阅区

英国的《藏书》(*Books for Keeps*)和澳洲的《藏书人》(*Magpies*)两本杂志一样,以作者为主要的分类依据,或以出版社的促销数据为主。

书　目

设想一些具有创意的书单。

书目不能只是很无趣地列出书单和作者,我们可以设想一些比较具有创意的书单——包括插画、图书的简短说明,或者从出版商的目录里截取封面的图画——我们还可以将这些书单予以展示,或者存档以供参考。

你还可以将你设计的书单张贴在墙报上,或者刊登在杂志以及专为儿童出版的资料上。

 ## 融合比较

搜集同一本书的不同版本,让孩子们有机会去欣赏和比较、重新认识这个故事。

搜集同一本书的不同版本,比方说精装、平装、不同的语言、教学用的大型绘本、盲文版、录音版、拍成戏剧的录像带等,让孩子们有机会同时去欣赏和比较这些书的封面、介绍词、插画和不同印刷设计的效果,并比较听故事和读故事与欣赏戏剧表演和阅读文学作品之间有什么不一样的感觉。即使有些读者宣称他并不喜欢某个故事,但以这样的方式让他有重新认识这个故事的机会,常常会化解他对这本书的偏见,而且还常会因此提高他们对图书、读些什么样的书、怎么读、阅读后的心得等的兴趣。

同样,你也可以**将你期望孩子们认识的作者的所有著作集合起来,办个小小的书展**,比如雪莉·休斯[1](Shirley Hughes)的绘本、杰恩·马克[2](Jan Mark)的小说、安妮·哈维[3](Anne Harvey)的诗集等,并同时展

---

[1] 雪莉·休斯,生于 1927 年,英国作家、画家。她是一位多产的作家,写了 50 多本书,画作 200 多幅。曾两次获得格林威大奖。
[2] 杰恩·马克(1943~2006),英国童书作家,两次获得卡内基奖。
[3] 安妮·哈维(1928~1974),美国诗人。

出相关的资料和产品,有机会还可以和孩子们讨论一番。

此外,也可以**选择同一个故事的 3~4 个版本**,就像民间故事、同一部小说的各种版本,比如拉迪亚德·吉卜林的《原来如此的故事》,孩子们就可以比较其间不同的插画,并选择他们所偏好的。

提高期望

自然而平实地调整你对孩子们阅读程度的期望,要比他们认为自己可以做到的再高一些。

以上提到的这一切活动,用意都在提高孩子们对阅读乐趣的期望,同时我们也要能确定这些期望都能够被满足。

我曾经听一位老师跟她班上的孩子提起,他们一定会喜欢露西·波士顿(Lucy Boston)的《格林诺威的孩子们》(*The Children of Green Knowe*),因为这本书是一个很棒的鬼故事。在孩子的心目中,鬼故事意味着叮叮当当的链条、恐怖的幽灵和令人毛骨悚然的感觉。如果我们没有任何露西·波士顿的作品,或者唯独缺少《格林诺威的孩子们》这个鬼故事,那么可以肯定的是,这位老师班上的学生一定会大失所望,我们的馆藏也会因此而备受责难。

欲言又止绝对比过分吹捧来得更高明!因此,在协助孩子选书时,我们可以多多表示怀疑,以不明确的态度代替肯定的指示;要注意避免无聊的步骤解说、慢吞吞的开场白,或过于艰深的用词;在整个过程中,要尽量表现并和孩子分享你的阅读喜悦。

自然而平实地调整你对孩子们阅读程度的期望,要比他们认为自己可以做到的再高一些。协助孩子们能享受"挑战困难"的乐趣。 比如,试着阅读比他们之前的阅读程度高一些的书,或者是他们还不懂得欣赏的故事和诗词。毕竟,老师的职责不就在于引导孩子去领略未知的一切吗?

Chapter 15
Response

第 十 五 章
回 应

阅读是一项令人振奋的活动,它总能够让奇迹发生。

我们最希望孩子们有的阅读回应就是他想再继续阅读:不管是再读一遍刚看完的书,还是读另一本书。老师们总希望看到学生能持续周而复始的阅读循环,因为唯有不断阅读,孩子们才能真正成为爱好文学的读者。

读者们通常需要时间去消化他们刚看完的书,他们会想要保留其中的乐趣,探索书本带给他们的启示,和他们的朋友(尤其是希望也能去读这本书的朋友)分享看法与其中的乐趣。

可以说,**阅读是一项社交活动,尤其当我们以闲聊的方式分享我们的阅读心得时,正是其最具社交特征的一部分**。我们应该常常鼓励孩子们这么做,也就是说,我们应该给予他们时间,让他们能在没有老师督导的情况下自在地闲聊。这样的机会,能让孩子体验人们是如何闲聊的——我们使用的语言、我们谈论的主题、我们倾听的方式,同时也见识一下我们对阅读的热情。

但如果我们期望孩子成为一位深具思考力的读者,那么光是这种轻松的闲聊方式是不够的。我们要帮助孩子发展他们与生俱来的问问题、报告、比较、判断等能力,而这样的教学方式,可以说是一项相当专业的技巧,你必须加以研究、思考，试着让自己能建构应答式的对话，能更有组织思考的能力，并逐渐加深闲谈的深度。

这里主要探讨如何安排一个理想的阅读环境，让这种应答式的对话——也就是我所说的读书会——能茁壮成长，至于老师如何引导孩子们开读书会，我会在《说来听听：儿童、阅读与讨论》中深入阐述。这里我们要讨论的主要是读书会的内容，以及怎样让我们成为有深度和广度的读者。

以下是一些能让孩子们愉悦地响应阅读的方式。

献给作者

让孩子制作一本"书"，表达他们想对作者说的话。

让孩子们制作一本以某本书为主题的书，然后寄给创作这本书的作者，作为他们"文学讨论"的一部分。这本书里可能包括孩子们对原书的一些想法：喜欢、不喜欢、或探索书中的谜题。建议孩子们在作品里附上插画，也可以加上自己创作的故事、诗词或者其他作品，此外，他们也可以引用一些笑话、漫画或者图片。孩子们可以在他们的作品里设计各种内容，只要他们觉得能表达他们想对作者说的话就可以。

 画画和手工
7岁左右的孩子，在用双手创作时更容易将心中的想法表达出来。

很多孩子都觉得画画或做手工比写作更容易、有趣和无拘无束。我记得曾经有个班的孩子创作了一系列贝茨·拜雅（Betsy Byars）的《第十八号紧急措施》(*The Eighteenth Emergency*) 中的灾难画面。此外，我也好几次在小学的大厅里见过以特德·休斯（Ted Hughes）最脍炙人口的作品《铁巨人》(*The Iron Man*) 为蓝本设计出的巨幅站立纸板像。

有些孩子，特别是7岁左右的孩子，在用双手创作时更容易将心中的想法表达出来。**我们可以从孩子们的绘画和手工的每一个小细节中发现他们自然呈现的内心想法，而这也可以用来引导孩子们叙说阅读一本书后的感想。**

长春市少年儿童图书馆蒲公英绘本馆

 选　集

鼓励孩子摘抄、搜集自己感兴趣的内容。

在所有的文学作品中，诗歌应该算是最难讨论的文体。我们总会很自然地想把我们欣赏的诗篇一读再读，甚至抄录下来慢慢品味。我曾经见过有老师鼓励班上的小朋友摘抄他们最感兴趣的诗，并且编辑出属于自己的诗集，在每天早上、放学前，或是课间休息时间，大家轮流朗诵他们搜集的诗，并适时地用手写、打字或剪贴等方式引用诗集里的诗句，有时候，孩子们还会为诗配上可爱的插画。这是我见过的最成功的教学法。

 以戏剧的方式呈现

孩子们以这样的方式学习，确实能更深切地认识原著，甚至他们自己和同学。

引导年幼的孩子去体会故事、诗作的最佳方式，就是将之变为剧本，让他们演出，或者让孩子们创作属于

自己的故事角色。至于年纪较大的孩子，他们总喜欢把自己所热爱的作品——或者即兴创作，或者忠于原著——转化为正式的戏剧演出，比如以木偶剧或广播剧的方式呈现，或在真正的剧场里正式演出，甚至改写成适合他们演出的剧本等，这些都是经常运用到的形式。我曾经接受过采用我的作品演出的孩子们的邀请。我也曾做过老师，深深了解这整个过程需要耗费的时间和精力（这可比画画和手工辛苦多了）。然而，孩子们以这样的方式学习，确实能更深切地认识原著，甚至他们自己和同学。我总为孩子们的表现感动不已、欣喜万分。

 制作图书

让孩子同时成为作者和读者，他将会拥有更完整的文学经历。

让孩子们成为作者或图书出版者，也是一个帮助孩子们深入探索图书的好方法。如今，大家都鼓励孩子去了解图书的制作过程，与专业作家们讨论自己的作品，然后尝试着自己写作并制作成书。整个制作图书的过程让孩子有机会将阅读循环从选书开始，非常完整地运作一次。写作和阅读之间存在着相当错综复杂的关系，它们同是文学的过程，也是文学的出口与入口；两者都是相当富有想象力的，也同时扮演着解释的角色。而你从写作中所发现的，与你从阅读中所发现的，绝对不会完全相同。**让孩子同时成为作者和读者，他将会拥有更完整的文学经历。**

Chapter 16
The Enabling
Adult

第十六章
有协助能力的大人

在前面几章里，我们谈到了大人怎么帮助孩子们成为读者，在这一章里，我们来谈一谈大人如何帮助自己成为阅读的催生者。

读者也是由读者造就的
我们总会在不知不觉中试着影响他人变成和我们一样的读者。

这是一个需要谨记在心的真理，因此，任务的成功与否，就看我们读了多少书，以及读了些什么样的书。我们总会在不知不觉中试着影响他人变成和我们一样的读者；我们总喜欢将自己最钟爱的书与大家分享，期待他们也一样能乐在其中；我们也会用自己思考或谈论阅读心得的方式，引导周围的人用同样的方式来思考和谈论。不用多说，我们举手投足间就已经透露了我们生活中关于阅读的种种。因此：

熟悉自己的阅读经历

回顾你自己的阅读经历,并思考一下它对孩子们的意义。

回顾你自己的阅读经历,必要的话把它记下来,并思考一下它对孩子们的意义。

比如,我记得自己出生于一间有着各式各样读物的房子里,在那儿,我有着听不完的故事——我父亲把一些发生在镇里的小事,编成兼具戏剧性和趣味性的故事说给我听;祖父也会告诉我一些家乡的民间故事;妈妈则会讲《伊索寓言》里的故事。我也记得自己8岁才开始学习阅读,但在幼儿园的时候,就有一位老师天天为我们读故事。后来我才恍然大悟,我在学会阅读之前就在家里听了那么多故事,在学校听老师读了那么多书,才使我成为这样一位读者:我在阅读或听某人讲故事时,总能在脑子里清晰地接收每一个字,这意味着我能像欣赏戏剧般地品味文学——我从中听到了角色的对话,也看到了故事的发展情节与色彩。我还记得大概12岁的时候,我的一位好朋友坚持让我陪他一起去图书馆,我发现那儿有成千上万给孩子们看的书,只要需要,我随时可以借阅其中的任何一本。中学的时候，有两位常和我谈论阅读的老师，因为他们，我阅读文学的层次大大提升了。15岁的时候，我第一次为自己发现了一本书：D.H. 劳伦斯（D. H. Lawrence）的《儿子与情人》(*Sons and Lovers*)。这本书让我体会到自己也是文学里的一部分，我可以在其中发现自我，那儿的人生是我熟悉的，也是我期盼能拥有的。

同样，我也一直记录着自己偏爱的图书类型，比如，我不是很喜欢看历史小说，倒是对那种中规中矩的科学故事特别偏爱；此外，我对一个故事的讲述方式，要比对故事本身的内容更有兴趣。就因为我明白这些，所以当我为学校图书馆或班级选书时，就会特别邀请喜欢阅读历史小说的读者来协助我，这样，才不会因为个人的偏好而扭曲了整体的购书方向。还有，如果我想更深切地享受阅读的乐趣、体会文学的深意，那么我在听别人讲故事时，就得提醒自己更留心去倾听故事的内容。我也非常清楚，成为一位真正热爱阅读的读者是永远不会太晚的，但是如果你没有阅读的习惯，或手边没有足够的可以随时取阅的书，那么要达成这样的目标就很难了。

更重要的是，我知道，**如果没有一个有协助能力的大人（他同时也是一位有深度思考能力的读者）来引导你阅读，你将难以成为一位深具思考能力的文学读者。**

 ## 保留你的阅读时间

孩子们不可能等你慢慢去发掘你觉得值得介绍给他们的书，你必须在和他们相处的第一天就具备这样的专业知识。

为了能够称职地辅导孩子阅读，让我们的阅读程度随时跟上时代的脚步，我们一定要不断地充实自己——**找机会尝试我们不曾接触过的作者的作品和我们不够熟悉或曾经觉得难以理解的书**。然而，讽刺的是，不管是老师、图书馆员还是家长，即使是全职的家长，也常常抽不出固定而充裕的时间好好静下来，专注地阅读一些我们知道自己一定会喜欢的书。

对于这个问题，我没办法假装自己知道标准答案——至少在现行的教育制度下。但是，我或许能为

北京第二书房阅读角

各位提出一些可行方案。在提这些方法之前,我想再进一步强调一个重点。

教师这一项工作,是一个照顾所有年轻学子们的专业工作,同时也肩负着帮助孩子成为读者的责任。如果老师们进入自己的专业领域时就对出版的儿童文学有完整而广泛的知识,也知道如何将这一切带给孩子们,那么,老师不但会在指导阅读时更有效率,也能为教学生涯的前几年建立一些图书信息的基础。

我们总对所有即将工作的学生们说:趁现在尽可能多读一些书吧,因为你不可能再有这么好的阅读机会了!

除此之外,每个孩子都只有一个童年,也都只有一次5、6、7……岁,你第一次任教的班级是什么样子,就是什么样子,孩子们不可能等你慢慢去发掘你觉得值得介绍给他们的书,你必须在和他们相处的第一天就具备这样的专业知识。如果你的培养机构无法给你这些协助,你就应该极力去争取。同时,尽你最大所能持续增强你的阅读专业素养,不仅是你自己的,还有那些能理解阅读多么重要的学生们。随时寻求能明白你的处境的老师和图书馆员们的支持。以下几点建议也可以提供给你做参考：

随时掌握信息
先阅读书评资料，再列出你认为很想进一步了解的书单。

通常，所有的事情都是从选择开始的。在阅读时间非常有限的情况下，明智地选书也就更为重要了。那么，我们该怎么做才能达到最佳效果呢？

★确定是否能获得固定的专业书评资源。一般来说，报上的童书书评多半没有固定的篇幅，而且常以广告为主要目的。我们需要的是能包括所有出版的童书、编辑良好的书评期刊。在英国，这意味着你必须定期阅读《学校图书馆员》(*School Librarian*)或《藏书》(*Books for Keeps*)之类的杂志。在许多地方，当地的教师和图书馆员会出版他们自己的书评杂志，你可以在教师中心、教师咨询服务处、你自己学校的图书馆服务中心（他们很可能也是出版者之一），或者位于伦敦的图书信托儿童图书基金会等地方，获得参考资料。学校绝对有订购这样的杂志的必要，老师可以从中获得许多参考资料。

★掌握最新出版的图书信息。书评虽然很有用，但是仍不足以给你提供完整的选书信息。最好的办法是先阅读书评资料，再列出你认为你很想进一步了解的书单，然后一年两次，或一学期一次，去一个你能看到所有最新图书的地方实地看看。

有两个这样的地方可以满足你这项需求：一间不错的书店（如果你运气够好，附近就有这么间书店的话）；类似学校图书馆服务部门的机构，那儿常会保存过去一年甚至两年的常备馆藏，还有所有的书评资料可供参考。

任何看重阅读计划的学校都会指派一位以上的教职员，一年至少两次去做访查馆藏的工作，并带回图书信息与选书建议。这样的工作可以看做一种在职训练，而且这样的时间投资也绝对值得。

当然,常去一些好的公共儿童图书馆也相当有帮助。虽然有时那些在架上未被借出的图书难免会影响你的判断。

相互协助
3个你可以获得资源的场合。

不管投注多少心力,只要我们想持续自己的专业热诚,或者继续发展我们的阅读生涯,绝大多数人还是需要有相同追求的同行的支持。除了来自日常接触的朋友、同事的支持外,还有3个你可以获得资源的场合:

★教师会议。每个学期至少要举行一次教师会议。在会议上,大家可以一起讨论学校整体的阅读计划,也可以一起回顾新近出版的书,主要目的就是分享彼此对阅读的热情。有时候,也可以就一本大家都阅读过的书交流感想,以便日后也能协助班上的孩子进行这样的讨论。

★读书会。比如,你可以加入或协助一个

6岁或8岁的孩子组成的读书会,每隔3个月左右,一起分享彼此的阅读感觉,或是童书,或是他们阅读的任何作品。如果有热心的家长、教师或图书馆员能加入这样的团体,会更能提升读书会的功能,并可给孩子们提供另一个思考的方向。

★在职课程。让儿童阅读课程发挥最大效用的最好方法,就是给予参与其中的学员们充分的时间,让他们有动力去细细品味书本带给他们的最深层意义。有一位老师的做法是,"我告诉我的家人:'坏消息,你们今晚得自己照顾自己,因为我有功课要做。'然后,我就回房间去阅读,从容地准备下次上课的内容,我并不觉得这么做有什么罪恶感!"(有些人觉得阅读文学总有那么点罪恶感,不管纯粹为了个人兴趣,还是工作需要,只因为这是一件有趣的事情;但是这些人在批改学生作业,或准备视听教材时却不会有这份罪恶感。为什么阅读时会有这种感觉?我们的教育制度和社会观念对事情的轻重缓急又有什么样的标准呢?)

如果学校里不能提供这样的在职进修机会,可以试着请其他老师支持或协助。

自我充实

给自己设定一个目标,规定自己在某一段时间内阅读多少童书。

下面是一些个人想法,可以协助你自我鞭策,成为一位忠实的读者:

★持续做阅读笔记!我在第8章时就提过这个重点了,在这里我觉得有必要再强调一次:持续地记阅读笔记,就能刺激自我继续阅读,你将因此而察觉到自己的不足,也将因此更明白这么做的理由,并持续地做下去。

★做一个简单的计划。给自己设定一个目标,规定自己在某一段时间内阅读多少童书。这里要注意,要设定一个你确实可以完成的目标。(以我个人为例,我自己算是一个读书比较慢的人,所以,如果我规定自己一个星期之内除了正在阅读的书之外,再完成一本儿童小说的阅读,那对我来说,就是一个根本不可能完成的任务。因为无法完成自己定下的进度,我就会觉得自己的计划是失败的。在我还是全职老师的时候,我觉得自己大约两个星期可以看完一本书,而且似乎还有余力看更多的书。这样的计划让我即使突然有要务缠身,也能从从容容地达成我的目标。)

在整个儿童阅读活动中,一个有协助能力的大人,特别是一位老师,他的任务究竟是什么呢?我们可以说他做了提供、刺激、示范和响应等工作。

他可以给孩子们提供图书和时间去阅读,还有一个吸引人的阅读环境,让孩子们想去阅读。

他可以刺激孩子们想成为一位深具思考能力的读者。他可以为孩子们示范读故事,并以实际行动让孩子们见识一位优秀的读者该有的样子。他还会在所属的阅读团体中响应与分享他的阅读心得,同时协助并引导孩子也能有所响应。

杰罗姆·布鲁纳在作品《真实的心灵，无限可能的世界》（*Actual Minds, Possible Worlds*）的后记中提到：

> 我一直试着列举出文学的功能，它可以说是一项艺术，开启我们对时时处于两难状态、充满未知与无限可能的世界的更多认识。我将这项功能称为"潜藏式汇合面"，文学可以让这个世界少一点拘泥不变，少一些枯燥乏味，而具有更多接受创新的雅量。文学正是我们与这个世界的潜藏式汇合面，它让我们有更多奇特的想法，不再平淡无奇，不再一无所知，开启了我们认知与领悟这个世界的潜能。是的，自由自在、愉悦明朗、充满想象力而理性十足等特质，正是文学的精神所在。

为孩子们打造一个理想的阅读环境，协助他们去发现文学中自由而充满想象力的精神，正是我最诚挚的期望。

参考书目

1. Margaret Meek, *How Texts Teach What Readers Learn*, Thimble Press, 1988.

2. David Krech, quoted in Jerome Bruner's *Actual Minds, Possible Worlds,* see note 7.
   C.S. Lewis, *An Experiment in Criticism*, Cambridge University Press, 1961.
   Richard Hoggart, 'Why I Value Literature', *About Literature*, Volume 2 of *Speaking to Each Other*, Chatto & Windus, 1970.

3. John Werner, *The Practice of English Teaching*, edited by Graham Owens and Michael Maraland, Blackie, 1970.

4. Frances Clarke Sayers, *Summoned by Books*, Viking(New York), 1973.

5. Lev Vygotsky, quoted in Jerome Bruner's *Actual Minds, Possible Worlds*, see note 7.

6. Liz Waterland, *Read with Me: An Apprenticeship Approach to Reading*, Thimble Press, 1985; second edition, 1988.

7. Jerome Bruner, *Actual Minds, Possible Worlds*, Harvard University Press, 1986.

编后记

推广儿童阅读必须成为一项事业！这几乎是所有关注儿童阅读的人士的共识。

正是这个共识，催生了艾登·钱伯斯《打造儿童阅读环境》一书的再版。国内第一次引进《打造儿童阅读环境》中文简体版是在 2007 年，在过去的七八年中，中国的儿童阅读环境已经发生了巨大的变化。"儿童阅读推广人"已由七八年前的发轫期进化成普通大众耳熟能详的名词，儿童阅读推广活动蓬勃发展，推广儿童阅读的队伍也日益壮大。在这个庞杂的队伍中，不仅仅有出版机构、专业阅读推广人、学校，还有众多如雨后春笋般冒出的绘本馆和热心的家长。在这样的潮流下，推广儿童阅读不仅仅需要热心，更需要专业的指导。

在编辑这本指导儿童阅读的经典作品时，编者联系了全国各地的少儿图书馆，试图展现出每个图书馆在打造儿童阅读环境方面所做的努力和成果，这些照片不仅记录了中国儿童阅读环境目前的发展状态，还将辅助艾登·钱伯斯的理论，使读者感受到真正的阅读就在我们身边。我们也希望借由这本经典作品的出版，让更多的人认识和了解那些为中国少儿阅读默默耕耘的机构和个人，并以此为鼓励，前行！

感　谢

以下单位为《打造儿童阅读环境》的出版提供图片和专业的建议：

★国家图书馆少年儿童图书馆

★北京第二书房

★长春市少年儿童图书馆

★福建省少年儿童图书馆

★杭州市少年儿童图书馆

★首都图书馆少年儿童图书馆

★上海市少年儿童图书馆

★苏州市少年儿童图书馆

★深圳市少年儿童图书馆

★深圳市翠茵学校

★温州市少年儿童图书馆

★重庆市少年儿童图书馆

图书在版编目（CIP）数据

打造儿童阅读环境 /（英）钱伯斯著；许慧贞译.
—北京：北京联合出版公司，2016.1（2024.7 重印）
ISBN 978-7-5502-6813-5

Ⅰ.①打… Ⅱ.①钱… ②许… Ⅲ.①儿童－读书方法 Ⅳ.① G612

中国版本图书馆 CIP 数据核字（2015）第 313035 号

THE READING ENVIRONMENT
Copyright © 1991 Aidan Chambers
First published 1991 by The Thimble Press
Lockwood, Station Road, South Woodchester
Stroud, Glos, GL5 5EQ

著作权合同登记号　图字：01-2015-4901号

打造儿童阅读环境

作　　　者：	〔英〕艾登·钱伯斯
翻　　　译：	许慧贞
策　　　划：	禹田文化
策划支持：	小鲁文化
责任编辑：	刘　恒　　王　巍
版权编辑：	杨　娜
特邀编辑：	付凤云　　侯力宁
美术编辑：	沈秋阳
封面绘画：	乌　猫
封面设计：	萝　卜
版式设计：	沈秋阳
内文排版：	刘　杨

北京联合出版公司
（北京市西城区德外大街 83 号楼 9 层　100088）
北京顶佳世纪印刷有限公司印刷　新华书店经销
字数 96 千字　135mm×200mm　32 开　6.5 印张
2016 年 1 月第 1 版　2024 年 7 月第 14 次印刷
ISBN 978-7-5502-6813-5
定价：38.00 元

版权所有，侵权必究
未经书面许可，不得以任何方式转载、复制、翻印本书部分或全部内容。
本书若有质量问题，请与本公司图书销售中心联系调换。电话：010-88356856